Peter Kairies

**So analysieren Sie
Ihre Konkurrenz**

Dipl.-Ing. Peter Kairies

So analysieren Sie Ihre Konkurrenz

Konkurrenzanalyse und Benchmarking in der Praxis

10., neu bearbeitete und erweiterte Auflage

Bibliografische Information Der Deutschen Bibliothek

Die Deutsche Bibliothek verzeichnet diese Publikation
in der Deutschen Nationalbibliografie;
detaillierte bibliografische Daten sind im Internet über
http://www.dnb.de abrufbar.

Bibliographic Information published by Die Deutsche Bibliothek

Die Deutsche Bibliothek lists this publication
in the Deutsche Nationalbibliografie;
detailed bibliographic data are available on the internet at
http://www.dnb.de

ISBN 978-3-8169-3383-0

10. neu bearbeitete und erweiterte Auflage 2017
9., neu bearbeitete Auflage 2013
8. Auflage 2008
7. Auflage 2007
6., neu bearbeitete Auflage 2005
5., neu bearbeitete Auflage 2004
4. Auflage 2003
3., neu bearbeitete Auflage 2002
2., neu bearbeitete und erweiterte Auflage 2001
1. Auflage 1997

Die Auflagen 1 bis 8 erschienen als Band 519 in der Reihe „Kontakt & Studium"

Bei der Erstellung des Buches wurde mit großer Sorgfalt vorgegangen; trotzdem lassen sich Fehler
nie vollständig ausschließen. Verlag und Autoren können für fehlerhafte Angaben und deren Folgen
weder eine juristische Verantwortung noch irgendeine Haftung übernehmen.
Für Verbesserungsvorschläge und Hinweise auf Fehler sind Verlag und Autoren dankbar.

© 1997 by expert verlag, Wankelstr. 13, D-71272 Renningen
Tel.: +49 (0) 71 59-92 65-0, Fax: +49 (0) 71 59-92 65-20
E-Mail: expert@expertverlag.de, Internet: www.expertverlag.de
Alle Rechte vorbehalten
Printed in Germany

Das Werk einschließlich aller seiner Teile ist urheberrechtlich geschützt. Jede Verwertung außerhalb
der engen Grenzen des Urheberrechtsgesetzes ist ohne Zustimmung des Verlags unzulässig und
strafbar. Dies gilt insbesondere für Vervielfältigungen, Übersetzungen, Mikroverfilmungen und die
Einspeicherung und Verarbeitung in elektronischen Systemen.

Inhalt

Vorwort

1 Warum permanente Konkurrenzbeobachtung immer lebenswichtiger wird **1**
   1.1 Der Verdrängungswettbewerb und seine Konsequenzen 1
   1.2 Erfolgskriterien für die Märkte der Zukunft 2

2 Stand der Konkurrenzforschung in deutschen Unternehmen **7**
   2.1 Wettrudern der Kulturen 7
   2.2 Ergebnisse der Markterhebung „Konkurrenzüberwachung in deutschen Unternehmen" 8
   2.3 Der Weg zu einem gigantischen Wissen über den Wettbewerb 18

3 Ziele und Aufgaben der Konkurrenzanalyse **21**

4 Aufbau eines Konkurrenzüberwachungssystems **25**

5 Wie Sie relevante Wettbewerbsinformationen gewinnen **30**
   5.1 Identifizieren Sie Ihre Konkurrenten mit Hilfe des „Messepfads" 30
   5.2 Achten Sie auf Signale Ihrer Konkurrenten 31
   5.3 Gewinnen Sie relevante Informationen über Ihre Konkurrenten 34
      5.3.1 Informationsgewinnung durch Desk-Research 36
      5.3.2 Informationsgewinnung durch Field-Research 43
   5.4 Informationsquelle Internet 54
      5.4.1 Aktive Informationsgewinnung nach dem Pull-Prinzip 61
         5.4.1.1 Firmeneigene Darstellung des Wettbewerbs im Internet (Homepage, Facebook, YouTube, SlideShare) 61

      5.4.1.2 Suchmaschinen 62
      5.4.1.3 Online-Datenbanken 63
      5.4.1.4 Elektronische Marktplätze 68
   5.4.2 Passive Informationsgewinnung
      nach dem Push-Prinzip 69
      5.4.2.1 E-Mail-Newsletter abonnieren 69
      5.4.2.2 Google Alerts erstellen 70
      5.4.2.3 RSS-Feeds abonnieren 72
      5.4.2.4 Twitter-Nachrichten abonnieren 73
      5.4.2.5 Websites der Wettbewerber und online-Aktivitäten
      überwachen 75

6 Was Sie über Ihren Wettbewerb wissen sollten 78

**7 Techniken zur Auswertung und Präsentation
von Konkurrenzanalysen 88**
   7.1 Übersicht 88
   7.2 Matrixtechnik 89
   7.3 Balken- und Kreisdiagramme 91
   7.4 Stärken/Schwächen-, Chancen/Gefahren-
      und Potenzial/Ressourcen-Analyse 92
   7.5 Potenzial-Analyse 95
   7.6 SWOT-Analyse 96
   7.7 Preis-Leistungs-Positionierungs-Diagramm 98
   7.8 Produktlebenszyklus-Analyse 99
   7.9 Portfolio-Methode 101
   7.10 Netzdarstellung 109
   7.11 Feature-Spiegel und Leistungsdatenmatrix 109
   7.12 Five Forces 111

**8 Fallbeispiel: Durchführung
einer internationalen Wettbewerbsanalyse 113**

9	Organisatorische Voraussetzungen	**124**
10	**Wie Sie eine Wettbewerberdatenbank aufbauen**	**128**
	10.1 Die optimale Archivierung	128
	10.2 Innerbetrieblicher Anforderungskatalog	130
11	**Wie Sie Konkurrenzinformationen in erfolgreiche Vertriebs-, Marketing- und Wettbewerbsstrategien umsetzen**	**135**
	11.1 Strategien der Gewinner	135
	11.2 Bauen Sie Barrieren gegen die Konkurrenz auf	143
12	**Benchmarking: Orientieren Sie sich am Besten**	**147**
	12.1 Benchmarking	147
	12.2 Kundenzufriedenheitsmessungen	149
	12.2.1 Was bedeutet Kundenzufriedenheit?	151
	12.2.2 Warum Kundenzufriedenheitsmessungen?	151
	12.3 Aspekte der Kundenbeziehungen	154
	12.4 Raus aus der Commodity-Falle mit strategisch fokussierter Produktkommunikation	162
13	**Konkurrenzanalyse: Ihr Unternehmen auf dem Prüfstand**	**165**

Arbeitshilfen 175

Abkürzungsverzeichnis 181

Weiterführende Informationsquellen 182

Weiterführende Literatur 193

Sachwortregister 195

Vorwort

Die Unternehmensberatung Kairies hat in mehreren umfangreichen Aktionen den Stand der Konkurrenzanalyse in deutschen Unternehmen untersucht. Die Ergebnisse sind alarmierend: Informationen über die Konkurrenz sind häufig in vielen Köpfen verteilt, aber nicht abrufbar, Unterlagen sind nicht aktuell, Hilfsmittel wie Konkurrenz- und moderne Online-Datenbanken werden selten genutzt. In vielen Firmen mangelt es an einer praxisgerechten Systematik und an Professionalität. Unzureichende Wettbewerbsinformationen führen bei Produktentwicklungen zu kostspieligen Nachentwicklungen. Fehlentscheidungen in F&E, Produktmanagement, Marketing und Vertrieb führen zu Kundenverlust.

Wer sich auf dem Markt behaupten will, braucht brandaktuelle Informationen über seine Konkurrenten. Zur langfristigen Sicherung des Markterfolges ist die permanente Überwachung der Konkurrenz unerlässlich. Die richtigen Informationen zur richtigen Zeit können Konkurrenten beim Kunden aus dem Rennen werfen und die eigene Position stärken. Leider befinden sich bedeutende Wettbewerbsinformationen oftmals verstreut in verschiedenen Abteilungen. Konkurrezinformationen dürfen nicht im Tagesgeschäft verloren gehen. Sie müssen in aufbereiteter Form zur Verfügung gestellt werden, damit diese in Geschäftsleitung, Vertrieb, Marketing, Produktmanagement, Entwicklung und Produktion sinnvoll genutzt werden können. Die Unternehmensberatung Kairies hat in Zusammenarbeit mit führenden Unternehmen der Industrie ein Konkurrenz-Informations-System (Competitive Intelligence System) entwickelt, das von der effizienten Beschaffung über die Archivierung und Auswertung bis hin zum Reporting und zur Nutzung der Daten reicht. Das Konzept des „Competitive Intelligence System" steht Ihnen als gebündeltes Know-how zur Verfügung. Das Buch zeigt Ihnen, wie Sie Ihren Wettbewerbern den entscheidenden Schritt voraus sein können und Bedrohungen sowie Chancen rechtzeitig erkennen.

Die Zukunft hat viele Namen. Für die Ängstlichen ist sie das Unbekannte. Für die Schwachen das Unerreichbare. Für die Mutigen ist die Zukunft Herausforderung und Chance. Mut bedeutet, sich mit dem Wettbewerb zu messen und immer danach zu streben, der Beste zu sein.

Besonderer Dank gilt dem Engagement meiner Assistentin Valerie v. Freyhold, die mich bei der Aktualisierung und Erstellung des Layouts sowie der Abbildungen unterstützt hat.

1 Warum permanente Konkurrenzbeobachtung immer lebenswichtiger wird

1.1 Der Verdrängungswettbewerb und seine Konsequenzen

Ein Blick zurück: Während der wachstumsintensiven 60er und der ersten Hälfte der 70er Jahre konnten es sich viele Unternehmen noch leisten, ihre Konkurrenten zu ignorieren. Die meisten Märkte expandierten, Verteilungskämpfe waren selten. Heute wissen wir, lang anhaltende Wachstumsphasen ohne Verdrängungswettbewerb gehören seit über 50 Jahren der Vergangenheit an.

Ende der 70er Jahre brachte ein deutscher Kamerahersteller eine halbautomatische Kamera auf den Markt. Man erwartete mit dieser Kamera den Durchbruch in Europa.

Völlig überraschend für den deutschen Hersteller präsentierte ein japanischer Konkurrent nur wenige Wochen später eine vollautomatische Kamera. Diese bot dem Kunden nicht nur mehr Funktionalität, sondern wurde darüber hinaus zu einem deutlich niedrigeren Preis angeboten. Aus dem deutschen „Star" wurde eine „Sternschnuppe", die spontan verglühte. Aus dem erhofften Durchbruch ein Zusammenbruch. Der deutsche Anbieter musste abgeschlagen mit erheblichen Verlusten sein Erzeugnis vom Handel zurückziehen. Der japanische Konkurrent triumphierte und konnte sich mit seiner Innovation innerhalb kürzester Zeit zum internationalen Marktführer entwickeln.

In den 90er Jahren gerieten immer mehr Unternehmen in Schwierigkeiten. Der Absatz stagnierte. Die Gewinnsituation verschlechterte sich dramatisch. Entlassungen und Rekordzahlen bei Insolvenzen waren die Folge. Betroffen vom Konkurs waren nicht nur Startups, sondern ebenso alteingesessene Unternehmen mit jahrzehntelanger Tradition. Dieser Trend setzt sich seit Beginn des neuen Jahrtausends fort.

Das Scheitern am Markt hatte unterschiedliche Gründe: Zu hohe Produktionskosten, mangelnde Flexibilität, unzureichende Kundenorientierung, falsches Einschätzen der Konkurrenz, fehlende Strategien, Fehlentscheidungen im Management, veraltete und zu teure Produkte. Alle Verlierer hatten jedoch eines gemeinsam:

Sie waren nicht in der Lage, sich am Markt gegen ihre Konkurrenz durchzusetzen.

Dieses Beispiel verdeutlicht, welche Gefahren sich aus einer unzureichenden Einschätzung der Konkurrenz ergeben können und wie lebenswichtig eine aufmerksame Beobachtung des Wettbewerbs ist. Aber längst nicht jedes Unternehmen investiert genug in die Überwachung seiner Konkurrenz. Noch schlimmer: Manche meinen, sie würden ohnehin alles wissen, weil sie täglich im Wettbewerb stehen. Andere meinen, Konkurrenzbeobachtung koste zuviel, den Aufwand könne man sich nicht erlauben.

> **Stellen Sie sich nicht die Frage,**
> **ob Sie sich eine systematische Konkurrenzüberwachung leisten können.**
> **Stellen Sie sich besser die Frage,**
> **wie lange Sie es sich leisten können, darauf zu verzichten.**

1.2 Erfolgskriterien für die Märkte der Zukunft

Eines ist sicher: Der Verdrängungswettbewerb wird sich weiter verschärfen. Die Auswirkungen der Globalisierung und neuer Kommunikationstechniken werden die Firmenlandschaft nachhaltig erneuern. Die Kunden werden kritischer und preisempfindlicher, fordern zunehmend individuelle, exakt auf ihre Applikation angepasste Lösungen. Ein Vergleich von Preisen wird mit Hilfe des Internets immer einfacher. Insbesondere bei standardisierten und austauschbaren Produkten. Produkte müssen deshalb in kundengerechter Qualität schnell verfügbar sein. Die Komplexität des Fachwissens sowie die Menge der zu verarbeitenden Informationen wird weiter steigen. Produkt- und marktrelevante Entscheidungen werden ohne den „Markt-Insider" risikoreicher. Der Wettbewerb kommt nicht nur aus dem Inland, sondern auch aus Kontinenten mit deutlich günstigeren Lohnstrukturen und vielleicht besseren Standortbedingungen. Die Märkte werden sich mit einem atemberaubenden Tempo verändern, mit dem einige Unternehmen nicht mehr mithalten werden. Harter Verdrängungswettbewerb beherrscht den Kampf um den Kunden und seine Aufträge. Selbst Wachstumsmärkte werden sich, aufgrund von Überkapazitäten der Anbieter, schnell zu Verdrängungsmärkten wandeln.

1 | Warum permanente Konkurrenzbeobachtung immer lebenswichtiger wird

**Wer kämpft kann verlieren.
Aber wer nicht kämpft, der hat schon verloren.**

Die Fähigkeit zur permanenten Innovation, z.B. bei Produkten, Dienstleistungen und der Marktbearbeitung, ist die Schlüsselfähigkeit, um überleben zu können. Gewinnbringende Innovationen setzen exakte Kenntnisse der Marktbedürfnisse voraus. So werden die gewaltigsten Investitionen in neue Produktionsanlagen nicht zum Tragen kommen, wenn neue Produkte nicht von Anfang an, d.h. schon in der Definitionsphase, auf wettbewerbsfähige Preise getrimmt sind. Produkt-Misserfolge sind häufig auf mangelhafte Informationen über die Konkurrenz zurückzuführen. Entscheidungen im Management erfordern qualifizierte Wettbewerbsinformationen.

Wer überleben will, muss in der Lage sein, den Konkurrenzkampf für sich zu entscheiden. Es genügt nicht, gut zu sein, man muss besser sein als die Konkurrenz. Dazu gehören der Mut, sich mit dem Wettbewerb zu messen und qualifizierte Informationen, um die richtigen Entscheidungen zu treffen. Die Gewinnung von Wettbewerbsinformationen darf nicht dem Zufall überlassen werden. Erfahrungen beweisen: Erfolgreiche Unternehmen kennen ihre Kunden und ihre Konkurrenz besonders gut und gewinnen systematisch wertvolle Informationen über Kunden und Konkurrenz. Schrumpfende Produktlebenszyklen und Gewinnzeiten erfordern neue Wege zur Überwachung der Konkurrenz.

„Wenn du dich und den Feind kennst,
brauchst du den Ausgang von hundert Schlachten
nicht zu fürchten.

Wenn du dich selbst kennst, doch nicht den Feind,
wirst du für jeden Sieg, den du erringst,
eine Niederlage erleiden.

Wenn du weder den Feind noch dich selbst kennst,
wirst du in jeder Schlacht unterliegen."

Sun Tse - Chinesischer Philosoph

Abbildung 1.1: Sun Tse. Zitat 500 v. Chr. Wer seine Konkurrenz und sich selbst nicht kennt, hat schlechte Aussichten.

Aber Achtung: Sie erhalten Konkurrenzdaten nicht zum Nulltarif. Konkurrenzüberwachung benötigt neben qualifizierten Mitarbeitern ein adäquates Budget. Sie können sicher sein: Die Aufwendungen spielen sich rasch durch mehr Markterfolg und bessere Verkaufsergebnisse wieder ein.

Jedoch nur ein **effizientes Konkurrenzüberwachungssystem** macht Sinn: Es ist einerseits gefährlich, über zu wenig und zu späte Informationen zu verfügen. Andererseits macht eine Überflutung an unstrukturierten Details blind für das Wesentliche und bremst notwendige strategische Entscheidungen.

Ein professionelles Konkurrenzüberwachungssystem muss den Beschaffungsaufwand – der Größe des Unternehmens angemessen – in Grenzen halten. Es muss sicherstellen, dass sowohl strategisch als auch taktisch relevante Informationen gewonnen werden. Diese Daten müssen zur Nutzung strukturiert aufbereitet und von den betroffenen Abteilungen verwendet werden.

Dazu gehören auch Ergebnisse von Patentrecherchen. Verletzungen von Patentrechten können Schadensforderungen der Konkurrenz in Millionen- oder Milliardenhöhe nach sich ziehen. Insbesondere mittelständische Unternehmen starten häufig zu spät ihre Recherche. Aber auch Großunternehmen verlieren viel Geld im Patentstreit.

Fall 1: Kodak, Oktober 1990
Lange Zeit Rekordhalter. Der amerikanische Foto-Riese Kodak musste wegen ungerechtfertigt genutzter Patente an Polaroid, den Hersteller von Kameras, zahlen: Forderung 1 Mrd. €, verurteilt tatsächlich zu 700 Mio. €.

Fall 2: Honeywell, August 1993
Die höchste Schadenersatzsumme aller Zeiten verhängte eine kalifornische Jury gegen den Computerhersteller Honeywell – ebenfalls wegen Patentverletzungen: ca. 1 Mrd. €.

Fall 3: Nintendo, August 1994
Ein New Yorker Gericht verurteilte den Gameboy-Hersteller Nintendo wegen widerrechtlicher Nutzung eines Patents der Alpex Corporation zu Schadenersatz von ca. 180 Mio. €.

Fall 4: Apple, Januar 2012
Im Patentkrieg der Smartphone-Hersteller ist Apple praktisch erfolglos gegen den taiwanischen Konkurrenten HTC. Die US-Handelsbehörde verfügt zwar über ein Einfuhrverbot gegen HTC-Geräte, die eine von Apple patentierte Technologie einsetzen, allerdings blieben von 10 Patenten, die Apple in dem Rechtsstreit eingebracht hatte, nur eines übrig. Der taiwanische HTC-Konzern spricht von einem Sieg. Der Streit zwischen Apple und HTC ist Teil eines großen Patentkrieges, bei dem es um die Vormachtsstellung bei den boomenden Smartphones und Tablet-Computern geht. (Quelle: dpa)

Fall 5: Apple gegen Samsung, Oktober 2016
Patentstreit mit Samsung hat Apple im Oktober 2016 einen wichtigen Sieg errungen. Das US-Court of Appeals for the Federal Circuit setzte das im Frühjahr 2016 gekippte Urteil zum zweiten Patentprozess wieder ein. Damit droht dem südkoreanischen Konzern eine Schadenersatzzahlung von rund 119 Millionen US-Dollar. Im Februar 2016 waren drei Richter des Court of Appeals zu der Entscheidung gelangt, dass zwei der von Apple eingeklagten Patente nicht hätten ausgestellt werden dürfen. Gegen ein drittes Schutzrecht soll Samsung nicht verstoßen haben. Ungültig waren dem Urteil zufolge die Patente für die Slide-to-Unlock-Geste sowie Funktionen für eine automatische Rechtschreibkorrektur. Von dem Vorwurf, Apples Click-to-Call-Technologie unerlaubt in seinen Smartphones eingesetzt zu haben, sprachen die Richter Samsung frei. (Quelle: C|NET)

Fall 6: Nokia gegen Apple, Dezember 2016
Apple und Nokia zetteln mit gegenseitigen Klagen einen neuen großen Patentkonflikt in der Mobilfunk-Branche an. Jetzt hat Nokia den iPhone-Konzern in den USA und Deutschland mit dem Vorwurf verklagt, 32 Patente zu verletzen. Dabei geht es um Technologien für Displays, Bedienung, Chips, Antennen, die Anzeige von Videos, Software sowie weitere Funktionen. (Quelle: SPIEGEL ONLINE)

Mit weltweit mehr als 110 Millionen veröffentlichten Schutzrechten geht es aktuell nicht nur darum sich einen Überblick über Patente zu verschaffen sondern vielmehr um die exakte Selektion und die konkrete Bewertung. Entwickler müssen sich regelmäßig über den aktuellen Stand der Technik informieren. Leider kommt diese Aufgabe aus Zeitgründen oft zu kurz oder man scheut sich davor professionelle Dienstleister einzusetzen. Die Folge: Unerwünschte kostspielige Auseinandersetzungen mit Wettbewerbern.

1 | Warum permanente Konkurrenzbeobachtung immer lebenswichtiger wird

Nutzen Sie professionelle Dienstleister, um Patente des Wettbewerbes zu überwachen.

Ohne qualifizierte Informationen über die Konkurrenz können marktrelevante Entscheidungen teuer zu stehen kommen. Und: Halten Sie durch. Lassen Sie sich durch Streitereien nicht entmutigen. Zeigen Sie Ausdauer.

2 Stand der Konkurrenzforschung in deutschen Unternehmen

2.1 Wettrudern der Kulturen

Eine kleine Anekdote:
„Vor langer Zeit verabredete eine deutsche Firma mit den Japanern, dass jedes Jahr ein **Wettrudern** mit einem Achter auf dem River Dee ausgetragen werden sollte. Beide Mannschaften trainierten lange und hart, um ihre höchste Leistungsfähigkeit zu erreichen. Als der große Tag des Wettkampfes endlich da war, waren beide Mannschaften topfit. Die Japaner gewannen mit einer Meile Vorsprung.

Nach dieser Niederlage war das deutsche Team sehr niedergeschlagen und die Moral war auf dem Tiefpunkt. Das obere Management entschied, dass der Grund für diese vernichtende Niederlage herausgefunden werden muss. Ein Projektteam wurde eingesetzt, um eine Konkurrenzanalyse durchzuführen und geeignete Maßnahmen zu empfehlen.

Die Konkurrenzanalyse ergab: Das Problem war, dass bei den Japanern 8 Leute ruderten und 1 Mann steuerte. Im deutschen Team ruderte 1 Mann und 8 Leute steuerten.

Das obere Management engagierte eine Beratungsfirma, um eine Studie über die Struktur erstellen zu lassen. Nach Kosten in Millionenhöhe kamen die Berater zu dem Schluss: Es steuern zu viele Leute und es rudern zu wenige!

Um einer Niederlage durch die Japaner im nächsten Jahr vorzubeugen, wurde die Team-Struktur geändert. Es gab jetzt 4 Steuerleute, 3 Obersteuerleute und 1 Steuerdirektor. Ein Leistungsbewertungs-System wurde eingeführt, um dem Mann, der das Boot rudern sollte, mehr Ansporn zu geben, sich noch mehr anzustrengen und ein Leistungsträger zu werden.

„Wir müssen seinen Aufgabenbereich erweitern und ihm mehr Verantwortung geben". Damit sollte es gelingen. Im nächsten Jahr gewannen die Japaner mit 2 Meilen Vorsprung. Die Deutschen entließen den Ruderer wegen schlechter Leistungen, verkauften die Ruder, stoppten alle Investitionen in ein neues Gerät und die Entwicklung eines neuen Bootes.

Der Beratungsfirma wurde eine lobende Anerkennung für ihre Arbeit ausgesprochen. Das eingesparte Geld wurde an das obere Management ausgeschüttet."

(Nach Nikolaus B. Enkelmann)

2.2 Ergebnisse der Markterhebung „Konkurrenzüberwachung in deutschen Unternehmen"

Welchen Stellenwert hat die Konkurrenzüberwachung in deutschen Unternehmen? Ist man mit der dabei verwendeten Systematik zufrieden? Wie professionell ist die Vorgehensweise? Werden moderne Hilfsmittel, wie Online-Datenbanken und unternehmensinterne Wettbewerberdatenbanken genutzt? Und wie steht es mit der Verwertung von Konkurrenzinformationen?

Die Unternehmensberatung Kairies, Sinsheim, hat in einer umfangreichen Befragung von Fach- und Führungskräften den Stand der Konkurrenzforschung in deutschen Unternehmen analysiert. Ziel der Marktuntersuchung war es, Aussagen über den Stellenwert der Konkurrenzforschung, die Organisation, verwendete Informationsquellen, die Methodik und Art der Archivierung sowie die Nutzung von Online-Datenbanken und unternehmensinternen Wettbewerberdatenbanken zu gewinnen. Hierzu wurden 312 Fach- und Führungskräfte aus den Bereichen Marketing, Produktmanagement, Vertrieb, Entwicklung und Geschäftsleitung interviewt. Es wurden vorwiegend Unternehmen aus Branchen der Investitionsgüterindustrie sowie Zulieferer untersucht: Elektronik und Elektrotechnik, Maschinenbau, Chemie, Mess- und Regeltechnik sowie IT/Telekommunikation.

Die Ergebnisse der Untersuchung sind alarmierend: Bei einem Großteil der Befragten herrscht **enorme Unzufriedenheit über die Halbherzigkeit und geringe Professionalität, mit der Konkurrenzinformationen gewonnen und ausgewertet werden.** Noch alarmierender ist die **unzureichende Nutzung** von Konkurrenzdaten in verschiedenen Unternehmensbereichen. Nur ca. 10 % der Befragten nutzen die Vorteile einer Wettbewerberdatenbank. Die nachfolgenden Abschnitte zeigen einen Auszug aus den gewonnenen Erkenntnissen.

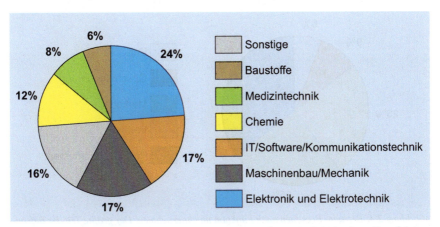

Abbildung 2.1: Aufteilung der 312 analysierten Unternehmen nach Branchen. Den Schwerpunkt bilden Unternehmen der Elektronik und Elektrotechnik, des Maschinenbaus und der IT mit zusammen 58 % der befragten Unternehmen.

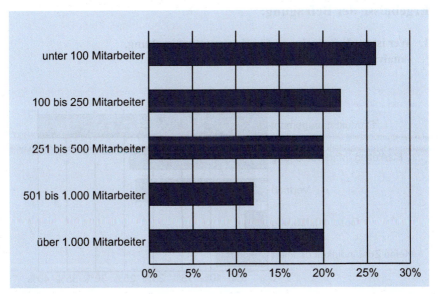

Abbildung 2.2: Analyse der befragten Unternehmen nach Firmengröße am Standort der Befragung. Mittelständische Unternehmen mit bis zu 500 Mitarbeitern sind mit insgesamt 68 % der Befragten vertreten.

2 | Stand der Konkurrenzforschung in deutschen Unternehmen

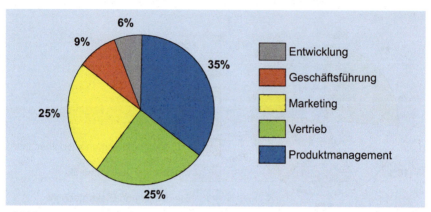

Abbildung 2.3: Befragte Personen nach Funktion im Unternehmen. Der größte Teil der Befragten stammt aus kundennahen Abteilungen mit direkter oder indirekter „Konkurrenzberührung".

Ergebnisse der Befragung:

1. **Wer ist im Unternehmen für Konkurrenzforschung, -analyse und -beobachtung zuständig?**

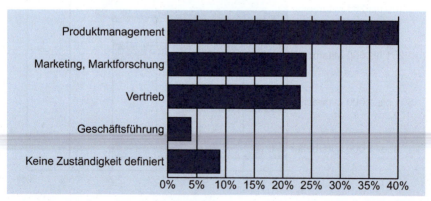

Abbildung 2.4: Zuständigkeit für die Konkurrenzforschung. Produktmanager sind am häufigsten für die Konkurrenzforschung zuständig.

2 | Stand der Konkurrenzforschung in deutschen Unternehmen

In 9% der Unternehmen gibt es keine zuständige Stelle für die Konkurrenzanalyse. In einigen kleinen und mittelständischen Unternehmen ist es üblich, dass sich der Chef selber um das Thema Konkurrenz kümmert. Bei 23% der befragten Firmen obliegt Wettbewerbsforschung dem Vertrieb. Marketingabteilungen (ohne Produktmanagement) sind zu 24% involviert. **In Unternehmen mit einem Produktmanagement funktioniert zumindest für Produktdaten die Konkurrenzüberwachung am besten.**

2. **Wie viele Mitarbeiter im Unternehmen befassen sich ausschließlich mit Konkurrenzuntersuchungen?**

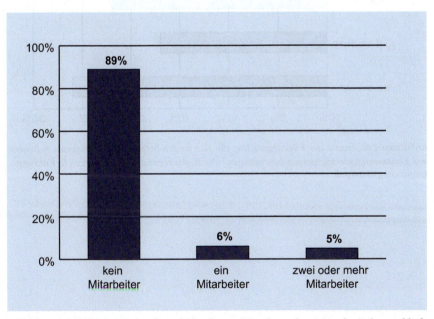

Abbildung 2.5: 89% der Unternehmen haben keinen Mitarbeiter bestimmt, der sich ausschließlich mit Konkurrenzbeobachtung beschäftigt. Selbst bei Unternehmen mit mehr als 1.000 Mitarbeitern hat nur jede zweite Organisation einen "Konkurrenz-Verantwortlichen".

3. **Wie viele Fach- und Führungskräfte befassen sich nebenbei mit Konkurrenzuntersuchungen?**

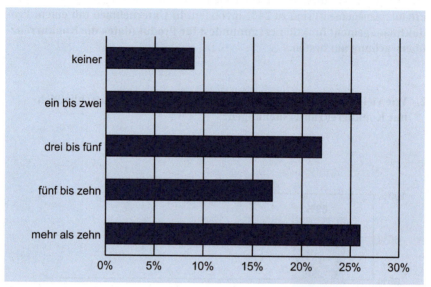

Abbildung 2.6: Anzahl der Führungskräfte, die sich in den befragten Unternehmen nebenher mit Konkurrenzuntersuchungen beschäftigen. Die Konkurrenzanalyse ist für viele Führungskräfte ein „Nebenjob".

4. Welche Informationsquellen werden genutzt?

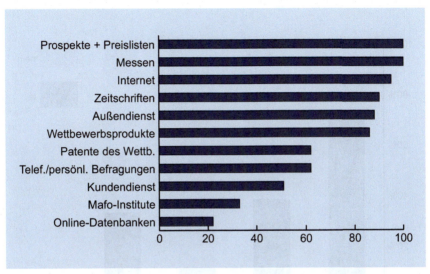

Abbildung 2.7: Spitzenreiter bei den Informationsquellen sind das Internet, Prospekte, Preislisten und Messen. An letzter Stelle steht die Nutzung von Online-Datenbanken.

5. Fragen zur systematischen Vorgehensweise und Regelmäßigkeit

Die befragten Unternehmen geben alle an, Wettbewerbsinformationen und Unterlagen zu sammeln. Jedoch nur 35% werten diese Unterlagen systematisch und regelmäßig aus. Gerade mal jedes fünfte Unternehmen betreibt mit den gesammelten Daten Benchmarking. Dabei ist das genau entscheidend: Wo steht Ihr Unternehmen mit "messbaren" Benchmarks im Vergleich zu anderen Anbietern, z.B. Umsatzwachtum der letzen 4 Jahre, Cashflow und Investitionsvolumen. Welche Neuheiten gibt es im Produkt- und Dienstleistungsangebot? Benchmarks bei Produkten, z.B. Leistungsmerkmale, Funktion, USPs und Lieferzeiten.

6. Fragen zur Archivierung und Verwendung von Datenbanken

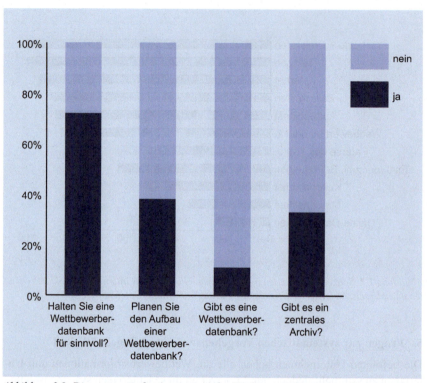

Abbildung 2.8: Die systematische Auswertung der Konkurrenzinformationen kommt meist zu kurz. Datenbanken zur Organisation von Konkurrenzdaten nutzen nur ca. 10 % der befragten Firmen.

Konkurrenzunterlagen werden vorwiegend in Schränken dezentral oder zentral gesammelt. 70 % der Befragten halten den Aufbau einer Wettbewerberdatenbank in ihrem Unternehmen für sinnvoll, tatsächlich nutzen bislang nur 10 % die Archivierung durch IT-gestützte Systeme.

7. Nutzung von Konkurrenzinformationen

Obwohl nur ca. 35 % der Unternehmen die Konkurrenzinformationen systematisch auswerten, geben 86 % der befragten Firmen an, dass Konkurrenzinformationen für Ziele, Planungen und Entscheidungen im eigenen Unternehmen genutzt werden. Allerdings halten nur 11 % die eigene Konkurrenzforschung für ausreichend professionell. 93 % sehen ein großes Potenzial für den Markterfolg, wenn Informationen der Konkurrenz besser genutzt werden. Leider fehlt es dann oft an der Konsequenz der Umsetzung.

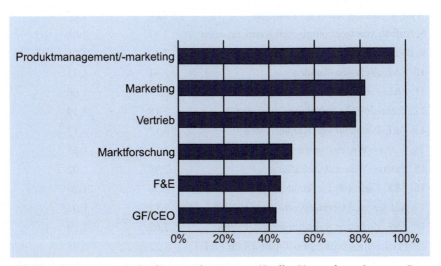

Abbildung 2.9: Nutzer von Konkurrenzinformationen (Quelle: Unternehmensberatung Peter Kairies, 2015)

Veronica Lange erläutert in ihrer Ausarbeitung zur technologischen Konkurrenzanalyse u.a., welche Analyseobjekte von Großunternehmen regelmäßig untersucht werden. Je größer der „Mittelwert", umso regelmäßiger werden die genannten Themen untersucht (5 = regelmäßig; 1 = nie).

Analyseobjekte	Mittelwert	Standardabweichung
1. Neue Technologien	4,27	0,79
2. Gegenwärtig eingesetzte Technologien	4,18	0,87
3. Ziele hinsichtlich neuer Produkte	4,12	0,79
4. Verletzung eigener Schutzrechte	4,07	1,15
5. „Gefährliche" Patente	4,05	1,23
6. F&E-Ziele direkter Wettbewerber	3,71	1,05
7. Ziele hinsichtlich neuer Prozesse	3,66	1,07
8. Aufbau von technologischen Kooperationen	3,47	1,08
9. Patentstrategien	3,42	1,26
10. F&E-Ziele von Kunden	3,41	1,32
11. F&E-Ziele potenzieller Wettbewerber	3,27	1,06
12. Technolog. Akquisitionen/Fusionen	3,18	1,19
13. F&E-Potenzial von Konkurrenten	3,12	1,12
14. Externe Wissensverwertung	3,11	1,05
15. Externe Wissensbeschaffung	2,98	1,02
16. F&E-Ziele von Lieferanten	2,90	1,20
17. Anlage- und Geräteinvestitionen in F&E	2,81	1,02
18. F&E-Ziele von Substitutionsgüterwettb.	2,62	1,28
19. Personalbeschaffungsmaßnahmen für F&E	2,22	0,95

Quelle: Technologische Konkurrenzanalyse, Veronica Lange

8. Resümee

Die Untersuchung zeigt einen alarmierenden Zustand in vielen deutschen Unternehmen: Informationen über die Konkurrenz sind häufig in den Köpfen der Mitarbeiter und Führungskräfte verteilt, Unterlagen sind nicht aktuell, moderne Online-Datenbanken werden wenig genutzt. Prinzipiell werden Konkurrenzinformationen für die Definition von Zielen, zur Planung und Unterstützung von Entscheidungen berücksichtigt, aber oft unzureichend. Fast alle Befragten sehen in ihrem Unternehmen die Notwendigkeit, zukünftig über deutlich qualifiziertere Wettbewerbsdaten als bisher zu verfügen. Sie halten ihre bisherige Systematik für unzureichend. Es wird in Sachen Konkurrenzforschung zu wenig getan und die

Professionalität reicht bei weitem nicht aus. Es wird von zahlreichen Fällen berichtet, bei denen Wettbewerbsinformationen bei der Entwicklung neuer Produkte unzureichend oder zu spät berücksichtigt wurden, was hohe Kosten für Nachentwicklungen verursachte. Dies führte zu nachträglichen Änderungen am Produkt und zu Terminverschiebungen, die größtenteils vermeidbar gewesen wären.

Systematische Konkurrenzanalyse wird in zahlreichen deutschen Unternehmen eher als eine taktische als eine strategische Vorgehensweise betrachtet. Das Thema wird auch zu wenig vom Top-Management unterstützt. Weltweit verglichen sind asiatische und zum Teil amerikanische Unternehmen deutschen Unternehmen um einige Jahre voraus.

Vermeiden Sie Halbherzigkeit und die typischen Stolperfallen bei der Analyse Ihrer Konkurrenz:

- Wichtigkeit des Themas erkannt, aber die Konsequenz fehlt
- Unklare Ziele und Aufgaben
- Verantwortlichkeiten sind nicht eindeutig festgelegt
- Zu wenig Ressourcen werden bereitgestellt
- Unsystematische Vorgehensweise
- Unregelmäßigkeit
- Seltene Aktualisierung von Informationen
- Beschränkung der Quellen auf Internet und Außendienst
- Schlechte abteilungsübergreifende Zusammenarbeit
- Ungenügende Methoden zur Auswertung
- Überflutung mit Papier und Details
- Zu knappes Budget
- Unzureichend geschulte Mitarbeiter
- Keine IT-gestützte Wettbewerberdatenbank vorhanden
- Nicht zeitgemäße Tools
- Halbherzigkeit bei der Umsetzung
- Unzureichende Unterstützung durch das Top-Management

**Führen Sie jetzt den Konkurrenzanalyse-Check durch.
Verschaffen Sie sich Klarheit, wo Sie stehen.**

Im Kapitel 13 finden Sie die „Checkliste Konkurrenzanalyse". Sie können jetzt oder nachdem Sie das Buch durchgelesen haben die Konkurrenzanalyse in Ihrem Unternehmen auf den Prüfstand stellen. Nach Absolvieren des Konkurrenzanalyse-Checks wissen Sie genau, wo Sie stehen und was zu tun ist.

2.3 Der Weg zu einem gigantischen Wissen über den Wettbewerb

Um Erfolg zu erzielen gilt es, sein Augenmerk auf langfristige Ziele zu richten. Was kurzfristig im Wettbewerb unrealisierbar erscheint, lässt sich langfristig unter Umständen durchaus verwirklichen, sofern Sie über eine systematische Konkurrenzanalyse verfügen. Systematik und Kontinuität führen auf Dauer zu einem gigantischen Wissen über die Konkurrenz. Ausgestattet mit diesem Wissen treffen Sie die richtigen Entscheidungen und erreichen den Vorsprung, um an Ihrem Wettbewerber vorbeizuziehen.

Gerade mittelständische Unternehmen sollten sich stärker an der Konkurrenz orientieren. So können Sie Marktchancen schneller erkennen und Ihre eigene Erfolgsstrategie finden.

Das nachfolgende Interview mit dem Autor dieses Buches (Zeitschrift ProFirma 02/00) beantwortet einige häufig gestellte Fragen zum Aufbau einer systematischen Konkurrenzanalyse.

ProFirma: *Eine Untersuchung Ihrer Beratungsfirma hat ergeben, dass gerade mittelständische Unternehmen ihre Konkurrenz nicht in dem Maße beobachten, wie es nötig wäre. Warum ist dies so?*
P. Kairies: Unternehmer in mittelständischen Betrieben kommen nicht aus dem Tagesgeschäft heraus. Das Bewusstsein für die Konkurrenzanalyse ist da, aber es fehlt an der Konsequenz der Umsetzung.

ProFirma: *Lohnt es sich für mittelständische Unternehmen überhaupt, eine systematische Konkurrenzbeobachtung aufzubauen?*
Peter Kairies: Gerade mittelständische Unternehmen nutzen viel zu wenig die Chance, von ihrer Konkurrenz zu lernen. Für sie ist es wichtig, sich ein Vorbild in bestimmten Kategorien zu suchen – sei das nun im Produkt, in der Dienstleistung oder in der Präsentation – und dann einen Verbesserungsprozess zu betreiben.

Das lässt sich natürlich nur dann umsetzen, wenn man eine bestimmte Systematik verwendet.

ProFirma: Wie schnell lässt sich so ein System zur Konkurrenzbeobachtung und -analyse installieren?
Peter Kairies: Das hängt davon ab, bei welchem Niveau man anfängt. In manchen Firmen findet ja bereits eine recht gute Konkurrenzbeobachtung statt. Meist werden in Ordnern Produkt- und Preisinformationen über den Wettbewerb gesammelt und das Internet zur Informationsbeschaffung angezapft. Wenn man das ganze in ein System bringen will, dauert es zwischen drei und neun Monaten.

ProFirma: Wann dauert es drei Monate, wann neun?
Peter Kairies: Drei Monate zum Beispiel dann, wenn die Geschäftsführung vom Nutzen dieser Analyse überzeugt ist, wenn es zum Beispiel schon einen Verantwortlichen im Unternehmen für die Konkurrenzanalyse gibt und bereits Informationen vorhanden sind. Neun Monate kann es dauern, wenn ein Unternehmen noch nicht einmal seine Konkurrenz identifiziert hat. Auch das ist heute keine Seltenheit...

ProFirma: Gibt es bestimmte Branchen, die ihre Wettbewerber besonders genau beobachten?
Peter Kairies: Die Unternehmen der Branchen, in denen kürzere Produktlebenszyklen vorherrschen – zum Beispiel Elektronik, Informations- und Telekommunikationstechnik oder Software – sind darauf angewiesen, dass sie ständig ihre Wettbewerber beobachten. Hier kommt niemand ohne Konkurrenzanalyse aus. Sobald man eine neue Idee eines Wettbewerbers verpasst, kann dies schon verheerende Folgen haben.

ProFirma: Was kostet es, wenn man die Konkurrenzbeobachtung systematisiert?
Peter Kairies: Ein Jahresbudget von 1.000 bis 4.000 Euro pro einer Million Umsatz reicht in vielen Fällen aus, um interne Kosten (z.B. Personalaufwendungen), laufende Recherchen in Online-Datenbanken und ggf. genutzte Softwaretools zu bezahlen. Wer ein System installieren will, muss allerdings zu Beginn eine Menge Informationen zusammentragen. Das kann man selbst erarbeiten oder man lässt das durch einen Berater begleiten. Dann liegt der finanzielle Aufwand einmalig, abhängig von der Größe der Firma, bei 5.000 bis 25.000 Euro.

ProFirma: Welche Daten sollte ein Unternehmen über seine Mitbewerber sammeln?
Peter Kairies: Wichtig ist es nicht, eine Menge an Informationen zu sammeln, sondern nur die, die man in der Praxis auch verwenden kann. Interessant ist immer das, was sich beim Mitbewerber verändert.

ProFirma: Wie oft sollte die Datenbank aktualisiert werden?
Peter Kairies: Sobald man eine wichtige Information über die Konkurrenz hat, sollte diese archiviert werden. Ein Mittelständler sollte beispielsweise im Abstand von ein bis drei Monaten abchecken, in welchen Arbeitsbereichen selbst Schwächen existieren und ob über eine in diesem Bereich besseren Wettbewerber Informationen vorhanden sind. Auf jeden Fall sollten immer nur zu bestimmten Themen Informationen gesammelt werden. So wächst die Datenbank sinnvoll und die Entwicklung der Konkurrenten in bestimmten Bereichen zeichnet sich gut ab.

ProFirma: Haben Sie in der Praxis einmal erlebt, dass aus Feinden Freunde werden?
Peter Kairies: Eine Bereitschaft, mit dem Konkurrenten zu kooperieren, finde ich häufiger als ich dachte. Ich empfehle generell, Fachfreundschaften zu den Konkurrenten aufzubauen. Persönliche Kontakte sind eine der interessantesten Informationsquellen, die man nutzen kann. Vielleicht streben Sie auch Kooperationen an. „Gemeinsamkeit macht stark."

ProFirma: Was kann der Chef tun, um seine Mitarbeiter bei der Konkurrenzanalyse zu unterstützen?
Peter Kairies: Der Chef sollte erst einmal das Bewusstsein dafür schärfen, dass Informationen über die Konkurrenz wichtig sind und dass sie im Unternehmen fließen müssen. Dazu muss er beispielsweise auch einfordern, dass seine Mitarbeiter nicht nur über die Messe gehen und tütenweise Informationen einsammeln, sondern gezielt den Messestand des Wettbewerbers beobachten oder dass sie Kontakte mit nach Hause bringen. Letztlich ist es aber am wichtigsten, dass er die organisatorischen Voraussetzungen für eine systematische Konkurrenzanalyse schafft.

> **Wie hoch ist der Stellenwert für die Konkurrenzanalyse und damit für notwendiges Wissen über Ihre Wettbewerber in Ihrem Unternehmen?**

3 Ziele und Aufgaben der Konkurrenzanalyse

Die Konkurrenzanalyse ist ein systematischer Prozess der Beschaffung, Archivierung, Auswertung und Weitergabe von Informationen mit dem Ziel rechtzeitig Bedrohungen oder Chancen durch Wettbewerbsaktivitäten zu erkennen, um dann mit adäquaten Maßnahmen reagieren zu können. Entscheidend ist dabei nicht die Menge an Daten, sondern die Relevanz und vor allem der Grad wie sie im Unternehmen genutzt werden. Wer eine Fülle von Daten sammelt, diese aber nicht nutzergerecht verdichtet und den Betroffenen frühzeitig bereitstellt, wird aus viel Information nur wenig Wertschöpfung gewinnen.

Die aus der Überwachung von Konkurrenten gewonnenen Informationen dürfen nicht in Sackgassen verschwinden. Sie müssen dem Management aufbereitet zur Verfügung gestellt werden und in Geschäftsleitung, Vertrieb, Marketing, Entwicklung und Produktion sinnvoll genutzt werden.

Abbildung 3.1: Übersicht über typische Aufgaben der Konkurrenzanalyse

Aus den Erkenntnissen über den Wettbewerb lassen sich marktgerechte Ziele ableiten und Strategien entwickeln, die eigene Position am Markt zu verbessern.

3 | Ziele und Aufgaben der Konkurrenzanalyse

Auch tagesgeschäftliche Aktivitäten, wie z.B. Bearbeiten von Kundenanfragen, Überzeugung der Kunden, Preis und Rabattstellung werden durch schnell verfügbare Konkurrenzinformationen unterstützt. Scheuen Sie sich nicht, auch von Wettbewerbern zu lernen oder das eine oder andere „abzukupfern". Verkürzen Sie Entwicklungszeiten und verwerten Sie Informationen aus dem Produktions- und Beschaffungsbereich, um effizienter zu werden. Senken Sie Durchlaufzeiten und reduzieren Sie Kosten, wo immer es geht. Die Wettbewerbsanalyse hilft Ihnen, die gegebenen Wettbewerbsverhältnisse zu durchleuchten und Auswirkungen auf das Unternehmen aufzuzeigen. Dabei sollten neben traditionellen auch neue und potenzielle Wettbewerber beachtet werden. Aber überlegen Sie sich genau, wie hoch der Aufwand sein darf. Beschränken Sie sich eventuell auf die Konkurrenten, die das Potenzial haben, wirklich zu einer Bedrohung zu werden. Grenzen Sie auch die Länder ein, die zu berücksichtigen sind. Überwachen Sie Ihre Konkurrenz mit ihren internationalen Aktivitäten.

> **Zur langfristigen Sicherung des Markterfolges ist die permanente Überwachung der Konkurrenz unerlässlich.**

Die Konkurrenzanalyse ist ein Navigationsmittel. So können Sie rechtzeitig Bedrohungen erkennen und mit adäquaten Maßnahmen reagieren. Wettbewerbsdaten helfen Ihnen, die richtigen Entscheidungen zu treffen und Zeit und Kosten zu sparen.

Vermeiden Sie sowohl Informationsmangel als auch die Überflutung mit unwichtigen Details.

> **Verbreiten Sie in Ihrem Unternehmen relevante Konkurrenzdaten mit Nutzungswert!**

Unterscheiden Sie bei den Konkurrenzinformationen zwischen generellen „statistischen" Daten, und brandaktuellen Informationen. Statistische Daten sind z.B. Standort und Umsatz der letzten Jahre. Diese Informationen müssen zur **Verfügung stehen und abrufbar sein,** müssen aber nicht regelmäßig verteilt werden.

Anders bei brandaktuellen Informationen, wie z.B. Kauf des Wettbewerbsunternehmens, Vorstellen eines neuen Produkts, Bau einer neuen Produktionsstätte, usw. Diese aktuellen Informationen müssen **sofort durch Reports verteilt** werden.

Halten Sie die Informationsflut in Grenzen. Arbeiten Sie effizient:

> **Statistische Daten sollen abrufbar sein.**
> **Brandaktuelle Daten mit Handlungsbedarf müssen sofort reportet werden (Flash-News).**

Um bei Wettbewerbern Aktivitäten und Absichten, Ziele, Strategien, Trends sowie Stärken und Schwächen bei Produkten und Dienstleistungen zu ergründen, müssen bestimmte Voraussetzungen in der eigenen Organisation erfüllt sein z.B. sollten Kontinuität bei Beschaffung und Reporting sowie die Kommunikation der Konkurrenzstelle mit den betroffenen Abteilungen gewährleistet sein.

Dazu werden:

- Relevante Wettbewerber erfasst und klassifiziert
- Permanent aktuelle Informationen gesammelt
- Geordnet und archiviert
- Systematisch ausgewertet und verdichtet
- Anschaulich und verständlich dargestellt
- Konsequenzen und Maßnahmen abgeleitet und vorgeschlagen
- Je nach Relevanz und Aktualität die Ergebnisse an betreffende Stellen weitergegeben oder zum Abruf bereitgestellt

Die Wettbewerbsüberwachung ist ein Frühwarnsystem. Werden Wettbewerber und Aktivitäten permanent und systematisch überwacht, dienen die Ergebnisse als Frühwarnsystem für Bedrohungen der eigenen Marktposition. Auf der Grundlage qualifizierter Wettbewerbsanalysen lassen sich eigene Marktanteile sicherer halten oder ausweiten.

3 | Ziele und Aufgaben der Konkurrenzanalyse

> **Stellen Sie nach Aktualität und Relevanz Wettbewerbsdaten zum Abrufen bereit oder geben Sie diese unverzüglich an die betreffenden Stellen weiter.**

Zur Durchführung von Wettbewerbsanalysen sollten:

- **Verantwortliche** bestimmt werden
- Datenbestände **gepflegt** und ständig **aktualisiert** werden
- Moderne **Hilfsmittel** und ein angemessenes **Budget** bereitgestellt werden

Die permanente Wettbewerbsanalyse darf nicht als Selbstzweck dienen. „Man kann sich tot-analysieren". Hauptwertschöpfung ist nicht lediglich das Wissen um die Konkurrenz, sondern die daraus abgeleiteten und umgesetzten Aktivitäten. Es muss sichergestellt sein, dass Maßnahmen aus der Wettbewerbsanalyse in das Unternehmen und den Wertschöpfungsprozess einfließen. Geben Sie dem Thema „Wichtiges vom Wettbewerb" einen regelmäßigen Platz bei Strategiemeetings und Projektbesprechungen.

> **Sorgen Sie dafür, dass wichtige Konkurrenzdaten von den Betroffenen genutzt werden.**

Der personelle Aufwand sowie die verwendeten Werkzeuge für die Konkurrenzüberwachung sollten der Größe und Marktsituation des Unternehmens angepasst sein. Machen Sie die hochrangige Bedeutung für die Sicherung des Markterfolges allen Beteiligten immer wieder bewusst. Erhöhen Sie den Stellenwert für das Thema „Konkurrenzanalyse".

Die Konkurrenzverhältnisse verändern sich laufend und führen ständig zu neuen Herausforderungen! Beim Tennisspielen besteht die Kunst darin, die Augen auf den Ball und den Gegner zu richten. Starrt man jedoch auf den Platz und das Netz, ist das ein sicheres Rezept für den Misserfolg. Ähnlich verhält es sich mit der Konkurrenzanalyse: Die Kunst der Konkurrenzanalyse besteht darin, die Stärken und Schwächen der Wettbewerber möglichst rasch zu erkennen und maßstabsgetreu abzubilden und das im Umfeld dynamischer Märkte. Das ist keine einmalige Übung, sondern ein permanenter Dauerlauf.

4 Aufbau eines Konkurrenzüberwachungssystems

Für eine gut funktionierende Konkurrenz-Überwachung reicht es nicht aus, Prospekte, Kataloge, Preislisten und Links zu sammeln. Wenn Sie ein praxisgerechtes Überwachungssystem aufbauen oder das vorhandene verbessern wollen, sollten Sie die nachfolgenden 10 Schritte bearbeiten und die dazugehörigen Fragen beantworten. Im Kapitel 13 finden Sie zusätzlich eine komplette Checkliste, die Stärken und Schwächen Ihrer Konkurrenzanalyse in Ihrem Unternehmen aufdeckt.

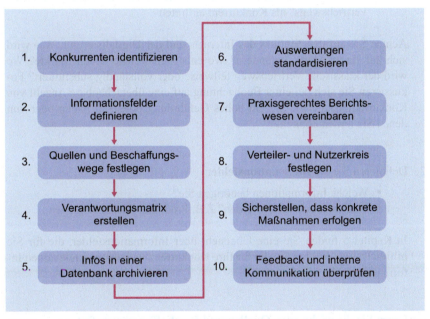

Abbildung 4.1: 10 Schritte zum Aufbau eines Konkurrenzüberwachungssystems. Gehen Sie beim Aufbau Ihrer Konkurrenz-Überwachung systematisch vor. Führen Sie eine Kurzbewertung durch.

Sie können sich einen ersten Überblick über die Professionalität der Konkurrenzanalyse in Ihrer Firma verschaffen, indem Sie die 10 Schritte einzeln (Abb. 4.1) auf der Skala +3 ... 0 ... -3 bewerten: "+3" bin begeistert, "0" damit kann ich leben, "-3" dringend verbesserungswürdig.

1. Identifizieren Sie Ihre **Konkurrenten**
   - Wer soll beobachtet werden?

   Unterscheiden Sie hierbei zwischen:
   - Konkurrenten mit gleichem oder ähnlichem Produktangebot
   - Konkurrenten mit geringer Überlappung bei den Produkten, aber mit identischer Zielgruppe und Diversifikationspotenzial
   - Potenzielle Konkurrenten, die Ihre Produkte durch neue Technologien substituieren können
   - Neue oder potenzielle Anbieter, die z.b. durch Nutzung des „Internet-Vertriebswegs" als Konkurrent auftreten

   Achten Sie auf den Einfluss des Internets und der Digitalisierung: Was wird sich auf Ihrem Markt verändern? Wo entstehen welche neuen Märkte? Wo wird der klassische Vertriebsweg teilweise oder vollständig substituiert? Fokussieren Sie sich bei einer Beobachtung auf eine überschaubare Anzahl von Konkurrenten, die für Sie ein hohes Gefährdungspotenzial haben oder von denen Sie lernen können.

2. Definieren Sie die **Informationsfelder**
   - Welche Informationen benötigen Sie?
   - Was soll beobachtet werden? Z.B. Produkte, Dienstleistungen.

   In Kapitel 6 finden Sie eine Übersicht über Informationsfelder, die für Sie hilfreich sind. Wählen Sie die für Ihre Konkurrenzbeobachtung relevanten Informationsfelder aus.

3. Legen Sie die wichtigsten **Quellen und Beschaffungswege** fest
   - Wo sollen die Informationen gewonnen werden?
   - Wie sollen die Informationen gewonnen werden?

   Das Kapitel 5 hilft Ihnen, die für Ihre Konkurrenzinformationen am besten geeigneten Beschaffungsquellen herauszufinden.

4. Erstellen Sie eine **Verantwortungsmatrix** „Konkurrenzanalyse"
   - Wer ist wofür zuständig?
     - Beschaffung
     - Erfassung und ggf. Archivierung
     - Auswertung
     - Umsetzung von Maßnahmen
   - Erstellen Sie eine Verantwortungsmatrix, wer wofür zuständig ist
   - Wer hat die Gesamtverantwortung?
   - Gibt es einen „Machtpromoter" für die Umsetzung? Ein Stakeholder aus dem oberen Management, der mehr Professionalität bei der Konkurrenzanalyse fordert?
   - Definieren Sie ein Projekt "Verbesserung der Konkurrenzanalyse". Legen Sie einen Projektleiter fest, sollten Sie das Thema Kokurrenzanalyse nachhaltig verbessern wollen.

5. Archivieren Sie die Infos in einer **Wettbewerberdatenbank**
   - Welche Informationen sollen in der Datenbank erfasst werden?
   - Wo und in welcher Form sollen die Konkurrenzinfos abgerufen werden?
   - Nach welchen Suchkriterien sollen die Daten strukturiert sein?

Achtung: Überlegen Sie sich genau, ob der Aufwand für Erfassung und Pflege von Informationen und Daten sich in Ihrer Organisation wirklich lohnt. Input und Output sollten in einem effizienten Verhältnis stehen. Wenn ja: Entscheiden Sie sich für eine geeignete Hard- und Software.
Weitere Hinweise dazu finden Sie im Abschnitt 10.

6. Standardisieren Sie die **Auswertungen**
   - Welche Methoden sollen genutzt werden?
   - Welche Auswertungen und Ergebnisse werden erwartet?
   - Welche Tools sollen verwendet werden?

Das Kapitel 7 zeigt Ihnen Beispiele mit welchen Techniken Sie Daten visualisieren und präsentieren können.

7. Einigen Sie sich auf ein praxisgerechtes **Berichtswesen**
   - Welchen Informationsbedarf haben einzelne Stellen im Unternehmen?
   - Was soll berichtet werden?
   - In welcher Form soll berichtet werden?
   - Wie oft pro Jahr sollen Informationen verteilt werden?
   - Wie werden brandaktuelle Konkurrenzinformationen (z.B. Übernahme eines Konkurrenten) verteilt?

   Unterscheiden Sie:
   - **Datenbank:**
     "Statistische Daten und Informationen", z.B. Umsatz, Mitarbeiterzahl) sollen aus einer Datenbank abrufbar sein.
   - **Reporting:**
     Brandaktuelle Informationen, die ggf. einen Handlungsbedarf nach sich ziehen, müssen sofort an Stakeholder reportet werden.

8. Nutzerkreis: Legen Sie den **Verteiler und Nutzerkreis** fest
   - An wen soll berichtet werden?
   - Wer soll die Daten nutzen können?
   - Auf welche Daten hat wer Zugriff?

9. **Nutzung**: Stellen Sie sicher, dass Konkurrenzinformationen zu Konsequenzen und konkreten **Maßnahmen** führen; z.B. Verbesserung der Argumentation, Senken der Herstellkosten, Redesign eines Produktes, um sich vom Wettbewerbsprodukt abzuheben.

10. Stellen Sie die interne **Kommunikation** über erfolgte Maßnahmen und **Feedback** sicher
    - In welchen Meetings sollen Konkurrenzinfos besprochen werden?
    - Wie wird regelmäßiger Erfahrungsaustausch sichergestellt?
    - Wie erhalten Sie Feedback über erfolgte Maßnahmen?

4 | Aufbau eines Konkurrenzüberwachungssystems

> **Das Konkurrenzüberwachungssystem
> macht marktrelevante Entscheidungen schneller und sicherer.
> So vermeiden Sie Kosten, verursacht z.B. durch falsche oder verschleppte
> Entscheidungen, Nachentwicklungen und zu späte Reaktionen.**

Mit einem gut funktionierenden Konkurrenzüberwachungssystem sind Sie Ihrem Wettbewerb immer eine Nasenlänge voraus.

5 Wie Sie relevante Wettbewerbsinformationen gewinnen

5.1 Identifizieren Sie Ihre Konkurrenten mit Hilfe des „Messepfads"

Sie sollten einen Überblick über Ihre Wettbewerber haben und diese nach Gefährdungspotenzial klassifizieren. Wenn Ihnen Ihre Konkurrenten noch nicht (alle) bekannt sind oder Sie überprüfen möchten, ob sich weitere Anbieter Zugang zu Ihrem Marktsegment verschafft haben, können Sie neben der üblichen Google-Recherche den so genannten „Messepfad" nutzen. Der Messepfad ist einer der ergiebigsten Wege, um weltweit Anbieter für bestimmte Produkte oder Dienstleistungen aufzuspüren. Er basiert darauf, dass jeder Anbieter von Produkten früher oder später auf Messen auftreten wird. Gehen Sie entsprechend den folgenden vier Schritten vor:

1. Verschaffen Sie sich eine **Übersicht über** deutsche oder **weltweite Fachmessen**. Als Quelle bietet sich z.B. die Messedatenbank AUMA an (www.auma.de). Hier können Sie Messen unter anderem nach Ländern, Branchen und Branchensuchwörtern selektieren.

2. Wählen Sie aus den Suchergebnissen **geeignete Fachmessen** aus, nämlich die Messen auf denen Ihre Produktart/en vertreten sind. Nähere Informationen zu den einzelnen Messen erhalten Sie per Link über die Webseite des jeweiligen Messeveranstalters oder direkt auf der entsprechenden Messe-Homepage.

3. Suchen Sie im Online-Messehandbuch (ggf. Katalog bestellen, wenn nicht online verfügbar) anhand der Selektionsmerkmale (Produkt- und Dienstleistungsklassifizierung) nach relevanten Konkurrenzunternehmen und speichern Sie die jeweiligen **Firmenadressen mit den dazugehörigen Selektionsmerkmalen** in Ihrer Datenbank ab. Vergleichen Sie evtl. den aktuellen Firmeneintrag mit dem des Vorjahres und prüfen Sie, ob Ihre Wettbewerber zusätzlich neue Produkte oder Dienstleistungen anbieten.

4. Schauen Sie auf die Homepage der Wettbewerber (z.B. Unternehmen, Produkte, Branchen) und verschaffen Sie sich einen ersten Eindruck darüber, welches Gefährdungspotenzial von diesem Wettbewerber ausgeht.

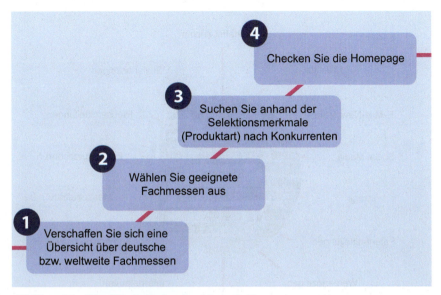

Abbildung 5.1: Ablauf für die Recherche „Messepfad"

Sollte die AUMA Messedatenbank nicht zum Ziel führen, versuchen Sie es bei www.expodatabase.de/messen-international. Hier finden Sie das Messeangebot aus ca. 115 Ländern weltweit.

5.2 Achten Sie auf Signale Ihrer Konkurrenten

Welche Möglichkeiten können Sie nutzen, um Informationen über Ihre Konkurrenz zu beschaffen? Welche Quellen bieten sich an? Jedes Unternehmen sendet Signale aus. Dies können z.B. Stellenanzeigen, Presseinformationen im Internet, Förderanträge, der erste Messestand bei einer Exportmesse, Werbeanzeigen über neue Produkte, Image-Anzeigen im Ausland, Beiträge in Blogs oder die Anmeldung eines Patents sein. Sie können relevante Wettbewerbsinformationen gewinnen, wenn Sie Ihre „Antennen" auf Signale des Wettbewerbs ausrichten.

Abbildung 5.2: Jedes Unternehmen sendet Signale aus: Die Signale Ihrer Wettbewerber enthalten ggf. wichtige Informationen über Aktivitäten, auf die Sie früher oder später reagieren müssen.

Diese Signale treten nicht immer erst nach einem Ereignis auf, sondern manchmal bereits vorher. So deuten etwa Patentanmeldungen, noch bevor ein neues Produkt auf dem Markt verfügbar ist, auf Aktivitäten in F&E hin. Weiterhin können Signale auch auf signifikante Veränderungen hinweisen, wie z.B. den Zukauf einer bestimmten Firma. Daraus können sich für Ihr Unternehmen gefährliche Konsequenzen ergeben, wenn das Wettbewerbsunternehmen durch die Übernahme z.B. von Vertriebssynergien und Kostenvorteilen profitiert. In seltenen Fällen werden Warnungen oder Drohungen verschickt, wie beispielsweise Abmahnungen oder einstweilige Verfügungen. Beachten Sie allerdings, dass Unternehmen manchmal Informationen verbreiten, um Konkurrenten bewusst irrezuführen.

Abbildung 5.3: Auslöser: Die wichtigsten Ereignisse bei Konkurrenten werden über verschiedene Kanäle kommuniziert. Dahinter verbergen sich manchmal übergeordnete Ziele und langfristige Strategien.

Auslöser von Signalen Ihrer Konkurrenten können z.B. Unternehmensverkäufe, Entlassungen, die Vorstellung neuer Produkte, Jubiläen, personelle Veränderungen im Vorstand usw. sein. Aus den Signalen können Sie Rückschlüsse auf mögliche Strategien und Aktivitäten Ihrer Konkurrenten ziehen. Fragen Sie sich in Bezug auf die wahrgenommenen Signale immer wieder: „Was will der Konkurrent damit bezwecken?". So können Sie die dahinter stehenden Absichten, Ziele und eventuell auch Strategien erkennen.

Schaltet z.B. ein Konkurrent eine Stellenanzeige für einen Länderreferenten mit USA-Erfahrung und ist erstmalig auch im Ausstellerverzeichnis für eine Messe in New Orleans zu finden, so können Sie davon ausgehen, dass Ihr Konkurrent verstärkt den USA-Markt bearbeiten möchte.

Achten Sie auf Signale Ihrer Konkurrenten.

Tracken Sie welche Online Kommunikationskanäle Ihre Wettbewerber nutzen, z.B.

- XING
- LinkedIn
- Facebook
- Twitter
- YouTube
- Instagram

Interessant könnte für Sie sein zu erfahren, welche speziellen Themen Wettbewerber posten.

5.3 Gewinnen Sie relevante Informationen über Ihre Konkurrenten

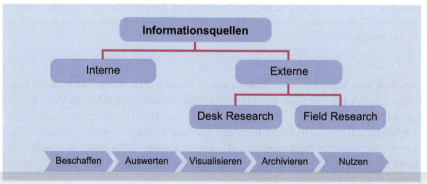

Abbildung 5.4: Methoden zur Beschaffung von Wettbewerbsinformationen. Eine Vielzahl von Informationsquellen machen eine systematische Auswertung und Archivierung unentbehrlich.

In der Wettbewerbsforschung lassen sich die möglichen Informationsquellen grob nach deren Herkunft in interne und externe Informationsquellen einteilen.

Informationen können somit aus unternehmensinternen oder -externen Quellen gewonnen werden. Die externen Informationsquellen werden hier noch eine Stufe detaillierter nach der Recherchemethode in Desk- und Field-Research untergliedert und in den nächsten beiden Kapiteln erläutert.

Als **interne Informationsquellen** können z.B. Kundenbesuchsberichte, Winorder- und Lost-order-Analysen, Churn-Analysen oder CRM-Systeme dienen. Darüber hinaus tragen in der Regel auch Kollegen mit Kundenkontakt wie Mitarbeiter aus dem Vertrieb, Kundenservice oder Produktmanagement wertvolles Wissen über den Wettbewerb in ihren Köpfen. Dieses im Unternehmen vorhandene, aber nicht zugängliche Wettbewerberwissen lässt sich durch einfaches Befragen oder organisierte Workshops nutzbar machen. Ein Beispiel für einen sinnvollen Workshop zur Gewinnung von aktuellen Wettbewerbsinformationen ist die Messenachbereitung. Hierzu benötigen Sie etwa 2-3 Stunden. Im Team (z.B. Produktmanagement, Vertrieb) sprechen Sie gemeinsam über Ihre Eindrücke und Erkenntnisse auf der Messe.
Gehen Sie Schritt für Schritt folgende Fragen durch:

- Was hat welcher Wettbewerber neu ausgestellt?
- Welche neuen Produkte werden angekündigt?
- Waren technologische Trends zu erkennen?
- Wenn ja, welche?

Halten Sie die Ergebnisse schriftlich, z.B. mit Hilfe von Pinwand und Kärtchen oder im Online-Protokoll fest.

> **Motivieren Sie Vertriebskollegen, ihr Wissen über die Konkurrenz aktiv preiszugeben.**

Konkurrenzinformationen aus internen Quellen lassen sich kostengünstig und mit wenig Aufwand gewinnen. Allerdings wird diese Art der Informationsrecherche nicht genügen, um die aktuelle Situation und Strategie der Konkurrenten möglichst sicher und zutreffend einschätzen zu können. Dafür ist es unentbehrlich auch externes Wissen über Ihre Wettbewerber einzuholen.

5.3.1 Informationsgewinnung durch Desk-Research

Beim **Desk-Research** der Informationsgewinnung aus externen Quellen, sammeln Sie Wettbewerberinformationen, die vom Schreibtisch aus gesichtet werden können. Dazu gehören beispielsweise „Papier-Quellen" oder das Internet (siehe Kapitel 5.4) . Gedruckte Informationen und das Internet gehören zu den am häufigsten verwendeten externen Informationsquellen.

Die nachfolgende Auflistung zeigt, dass mit Desk-Research z.B. Firmenauskünfte, Preise, Produktinformationen, technische Daten, Veröffentlichungen, Fachartikel und Pressemitteilungen in Fachzeitschriften und Wirtschaftszeitungen, Patentinformationen, Herstellerinformationen usw. abgefragt werden können. Für generelle wirtschaftliche und technische Auskünfte ist diese Form der Informationsgewinnung in vielen Fällen ausreichend und relativ einfach und kostengünstig durchführbar. Die Grenzen dieser Methode sind jedoch schnell erreicht, wenn tiefergehende und nicht veröffentlichte Informationen benötigt werden. Schöne Hochglanzprospekte reichen in diesen Fällen nicht mehr aus und auch die freie Internetrecherche erweist sich dann als nicht ausreichend.

Beispiele für Informationsquellen, die Sie zur Beschaffung von Konkurrenzdaten durch Desk-Research nutzen können.

1. **Druckschriften des Wettbewerbs**
   - Geschäftsberichte
   - Mitarbeiterzeitschriften
   - Kundenzeitschriften
   - Mailings an Kunden
   - Einladungen zu firmeninternen Veranstaltungen für Kunden
   - Prospekte
   - Kataloge
   - Preislisten
   - Inbetriebnahme- und Bedienungsanleitungen
   - Serviceanleitungen
   - Technische Datenblätter
   - Schulungs- und Seminarunterlagen
   - Sonderdrucke von Fachartikeln

2. Angebotseinholung vom Wettbewerb

Nutzen Sie Angebote von Ihren Konkurrenten. Sollten Sie diese nicht direkt einholen können, nutzen Sie Deckadressen z.B. von Vertrauenskunden, Handelsvertretern und Kooperationspartnern. Angebote liefern Ihnen nicht nur Preisinformationen.

Analysieren Sie in den Angeboten Ihrer Konkurrenten auch die nachfolgenden Benchmarks und vergleichen Sie diese mit der Qualität Ihrer eigenen Angebote.

- Laufzeit von der Anfrage bis zum Angebot
- Grafische Aufmachung
- Übersichtlichkeit
- Verständlichkeit
- Rabatte
- Preisnachlässe bei Nachverhandlungen
- Zahlungskonditionen
- Lieferzeit
- Sonstige Bedingungen
- Haben Kunden den Zugang zu einem Produktkonfigurator?

Beispiel:

Nachfolgend sehen Sie einen Angebotsvergleich verschiedener Hersteller von Umlaufregalen für den Büro- und Lagerbereich:

Angebotsvergleich Pos 1: Aufnahme von Standard-Hängeordnern Stellbreite, -tiefe und -höhe: Max. 3,40 x 1 x 2,50m					
	Alpha GmbH	Beta AG	Gamma & Co	Delta GmbH	Epsilon oHG
Name	U-Regal	Re-U-gal	Reg-Uml.	Umlauf	Lager-U
Typ	45 SKR14	4728	1017-C	33-22"	Off-SQ
Außenmaße H x B x T	247 x 344,5 x 115	242 x 327 x 114	240 x 326,9 x 117,5	247 x 336 x 115	255 x 339,4 x 109,5
Kapazität in Laufmeter	38,4	42,64	41,3	39,4	k. A.

Angebotsvergleich
Pos 1: Aufnahme von Standard-Hängeordnern
Stellbreite, -tiefe und -höhe: Max. 3,40 x 1 x 2,50m

	Alpha GmbH	Beta AG	Gamma & Co	Delta GmbH	Epsilon oHG
Leergewicht	1.630kg	1.340 kg	1.620 kg	1.750 kg	1.482 kg
Steuerung	ja	ja	ja	ja	ja
Preis in € inkl. Fracht und Montage	17.000,-	19.000,-	18.000,-	16.219,-	20.000,-
Nachtragsangebot nach Verhandlung	Kein Nachlass	Nachlass: ca. 12 %	Nachlass: ca. 15 %	Kein Nachlass	Kein Nachlass

Angebotsvergleich
Pos 2: Aufnahme von Standard-Hängeordnern
Stellbreite, -tiefe und -höhe: Max. **2,60** x 1 x 2,50m

	Alpha GmbH	Beta AG	Gamma & Co	Delta GmbH	Epsilon oHG
Name	U-Regal	Re-U-gal	Reg-Uml.	Umlauf	Lager-U
Typ	47 SKL13	4812	1120-M	34-12"	Off-MM
Typen	25/100/285/13/HRT	600/115/250/280	120-1212	2000-6-2470	Office 200
Außenmaße H x B x T	246 x 264 x 110	242 x 250 x 115,5	240 x 256 x 117,5	247 x 265 x 115	255 x 267 x 109,5
Kapazität in Laufmeter	31,2	31,2	31	29,5	28,8
Leergewicht	1.200 kg	1.440 kg	1.350 kg	1.568 kg	1.240 kg
Steuerung	ja	ja	ja	ja	ja
Preis in € inkl. Fracht und Montage	12.200,-	13.050,-	14.400,-	11.900,-	17.350,-
Zahlungsbedingungen	8 Tage 2% 30 Tage netto	14 Tage 2% 30 Tage netto	30 Tage netto	14 Tage 2% 30 Tage netto	k.A.
Zeitbedarf Angebotserstellung	1 Tag	3 Tage	7 Tage	5 Tage	3 Tage
Verständlichkeit des Angebots	++	0 ... +	0	+++	0
Lieferzeit	2 Wochen	3-4 Wochen	je nach Spez. bis 6 Wochen	20 Tage	3 Wochen

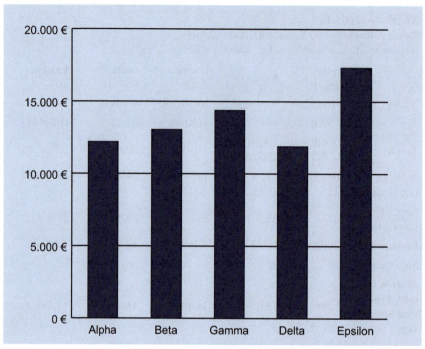

Abbildung 5.5: Angebotsvergleich zu Pos. 2 Umlaufregale. Preis-Gegenüberstellung vergleichbarer Wettbewerbsprodukte.

3. **Multimedia-Publikationen des Wettbewerbs**
   - Unternehmenswebseite
   - Firmeneigene Facebookseite
   - Firmeneigene Veröffentlichungen auf YouTube und SlideShare
   - E-Mail-Newsletter
   - Rundfunkberichte
   - Fernsehinterviews
   - Werbeanzeigen
   - Kataloge und Unternehmensinformationen auf Datenträgern, wie z.B. DVD, USB-Stick
   - Online-Kataloge
   - Produktkonfigurator

4. **Presseveröffentlichungen**
   - Pressemitteilungen
   - Stellenanzeigen
   - Fachartikel
   - Werbeanzeigen

5. **Eintragungen in Einkaufsführern und Anbieterverzeichnissen**
   - Lieferantensuchmaschine „Wer liefert was?"
   - ZVEI-Einkaufsführer
   - BDI-Einkaufsdatenbank
   - B2B-Lieferantendatenbank für den Mittelstand
   - „ABC der deutschen Wirtschaft"
   - Firmendatenbank „Hoppenstedt"
   - Deutsche Messe AG

6. **Fachzeitschriften und Zeitungen**
   - Fachzeitschriften
   - Testergebnisse aus Zeitschriften
   - Tageszeitungen
   - Wirtschaftszeitungen, z.B. Handelsblatt

7. **Verbände, Behörden, Organisationen**
   - Fachverbände
   - Handelskammern und Vereine sowie deren Mitteilungen, z.B. ZVEI, BDI, VDMA
   - Statistisches Bundesamt
   - IHKs
   - Handelsregister
   - Zulassungen
   - Patentveröffentlichungen und Patente

8. **Adressenverlage**
   - Schober Information Group Deutschland GmbH
   - Hoppenstedt Firmeninformationen GmbH

9. **Marktforschungsinstitute**
    - Foerster & Thelen Marktforschung Feldservice GmbH
    - GfK SE
    - icon Wirtschafts- und Finanzmarktforschung GmbH
    - Ipsos GmbH
    - Nielsen
    - Psyma Research+Consulting
    - TNS
    - TNS Emnid Medien- und Sozialforschung GmbH
    - TNS Infratest

10. **Fachliteratur, Forschungsberichte, Diplomarbeiten, Dissertationen**

11. **Messen**
    - AUMA Messedatenbank
    - Messekataloge der Messegesellschaften

12. **Universitäten, Hochschulen**

13. **Suchmaschinen im Internet**

14. **Online-Datenbanken**

> Stellen Sie sich eine Liste der für Sie relevanten DeskResearch Quellen zusammen. Nutzen Sie ggf. Bookmarking-Tools.

5.3.2 Informationsgewinnung durch Field-Research

Liefern interne Informationsquellen und Desk Research nicht die notwendigen Informationen sollten Sie Field Research nutzen. Field Research ist im Vergleich zu Desk Research deutlich aufwändiger, bietet in vielen Fällen aber mehr Tiefgang. Mit Field Research lassen sich Insider-Informationen über Konkurrenten einholen. Tiefergehende Informationen können durch persönlichen Kundenkontakt, Telefonate mit Anwendern und Entscheidern sowie durch Besichtigungen vor Ort zu Tage gebracht werden.

Bei Field-Research nehmen Sie direkten Kontakt mit Ihren primären Informanten auf. Dies können z.b. Kunden, Wiederverkäufer, Redakteure, Zulieferer oder Verarbeiter sein, d.h. Firmen und Institutionen, mit denen Ihr Konkurrent in irgendeiner Geschäftsbeziehung steht. Aufgrund der Verbindungen verfügen diese Informanten häufig über aktuelle Informationen aus direkter Quelle. Versuchen Sie herauszufinden, mit wem Ihr Konkurrent geschäftliche Beziehungen betreibt und bauen Sie einen persönlichen Kontakt zu Personen aus diesem Kreis auf.

Auch der eigene Kundendienst sowie eigene Vertriebsmitarbeiter sollten in den Informationsbeschaffungsprozess miteinbezogen werden. Das gezielte Befragen von Kunden anhand gut vorbereiteter Briefings und kurzer Fragebögen hat im Praxiseinsatz erstaunliche Ergebnisse geliefert. Solche Aktivitäten, die über einen Zeitraum von drei bis vier Monaten international durchgeführt wurden, brachten mit einer Rücklaufquote von einigen hundert Interviews zuverlässige Aussagen über Stärken und Schwächen von Konkurrenzprodukten im Praxiseinsatz.
Field Research verursacht im Vergleich zu den oben genannten Methoden der Informationsgewinnung, monetär und zeitlich betrachtet, den größten Aufwand. Dies resultiert u.a. aus den dafür notwendigen zeit- und kostenintensiven Aktivitäten wie z.B. Reisen oder Vor-Ort-Besuche. Dafür liefert Ihnen Field Research jedoch auch sehr wichtige und wertvolle Informationen über Ihre Konkurrenz, die sich nur auf diesem Wege beschaffen lassen.

Suchen Sie nach dem roten Faden:
Wer hat mit Ihrem Wettbewerber Geschäftskontakt?

Befragungen können Sie prinzipiell nach acht Arten durchführen:

Persönliches Interview
Das persönliche Interview bietet im Vergleich zum per Post versandten Fragebogen den Vorteil, dass Sie Ihre Fragen zum richtigen Verständnis erläutern können. Bei den Antworten können Sie im Bedarfsfall sofort nachhaken. Häufig werden die wertvollsten Informationen beiläufig „zwischen den Zeilen" erwähnt. Außerdem können Sie im persönlichen Gespräch durch eine geschickte Fragetechnik eine Fülle von Informationen innerhalb kürzester Zeit aufnehmen. Der Nachteil einer persönlichen Befragung besteht in dem hohen Kostenaufwand, wenn z.B. systematisch eine größere Anzahl von Kunden mit Konkurrenzerfahrung aufgesucht werden soll. Dagegen ist es im persönlichen Gespräch möglich, Ihre eigentliche Absicht zu tarnen, indem Sie einen anderen Gesprächsgrund vorgeben und die Fragen zur Konkurrenz nur beiläufig erwähnen.

Telefon
Das Telefon als Interview-Medium ist einerseits effizient, beschränkt das Interview aber auf sehr einfache und kurze Fragen. Bereiten Sie Telefoninterviews mit einem wohl durchdachten Briefing gut vor und stellen Sie kurze Fragen, die direkt beantwortet werden können.

Telefax
Das Telefax besitzt häufig einen höheren Aufmerksamkeitsgrad als ein per Post versandter Brief. Nutzen Sie das Telefax als schnelles und direktes Interview-Mittel. Nachteilig ist hierbei, dass immer weniger Unternehmen Telefax als Kommunikationsmittel verwenden.

Telefon und E-Mail
Die Kombination von Telefon und E-Mail ist in vielen Fällen der beste Kompromiss. Schicken Sie Ihrem Interviewpartner eine E-Mail und rufen Sie ihn anschließend an. Sie kombinieren damit die Vorteile der persönlichen Kommunikation durch das Telefon mit der Visualisierung der Fragen durch den Fragebogen. Nutzen Sie den Fragebogen als Leitfaden für das Telefonat. Bitten Sie Ihren Gesprächspartner aber nicht, den ausgefüllten Fragebogen der E-Mail an Sie zurückzusenden. Füllen Sie möglichst die Fragen für Ihren Gesprächspartner aus. Nutzen Sie E-Mail nur zur Unterstützung des Gespräches.

Versand von Fragebögen per Post und telefonisches Nachfassen
Bei Anfängern im Marketing ist diese Art der Befragung sehr beliebt. Man hofft mit relativ wenig Aufwand und niedrigen Kosten die Interviewpartner zu erreichen. Leider sind die Ergebnisse in vielen Fällen enttäuschend. Sie bietet zudem keine Möglichkeit, die Wahrhaftigkeit von Aussagen zu hinterfragen. Mit der Post versandte Befragungen über die Konkurrenz sind nur dann sinnvoll, wenn sie sich an ausgewählte Personen richten, die anschließend angerufen werden. Fassen Sie deshalb bei per Post versandten, schriftlichen Befragungen telefonisch nach.

E-Mail
E-Mails eignen sich zum Versand von Fragebögen sehr gut. Aber Vorsicht: Verschicken Sie nur E-Mails an Personen, mit denen Sie eine enge Geschäftsbeziehung pflegen. Der Versand von „Massen-Mails" an Unbekannte ist in Deutschland nicht erlaubt und bringt aufgrund der Anonymität keine verwertbaren Ergebnisse.

Online-Befragung über die eigene Homepage
Nutzen Sie auch Befragungen von Besuchern auf Ihrer Homepage. Wenn Sie interessante Fragen formulieren (nicht mehr als ca. zwölf), können Sie mit Response rechnen. Verknüpfen Sie die Beantwortung auch mit der Teilnahme an einer Monatsverlosung.

Online-Umfragen
Bei Online-Umfragen handelt es sich um eine Befragung via Internet. Der Befragte benötigt die Internetadresse, unter welcher er Ihren Fragebogen aufrufen und direkt ausfüllen und abschicken kann. Den Zugang zu Ihrem Fragebogen können Sie bei Bedarf, z.B. um Mehrfachabstimmungen zu vermeiden, zusätzlich über eine Passwort-Abfrage absichern. Den Link zu Ihrer Befragung und evtl. das erforderliche Passwort verschicken Sie am einfachsten per E-Mail an die von Ihnen ausgewählten Adressaten. Der Vorteil von Online-Befragungen liegt darin, dass diese deutlich kostengünstiger durchführbar sind als persönliche oder telefonische Befragungen. Weiterhin sind Auswertungen automatisiert und bereits während der Befragungs-Phase darstellbar. Fehler bei der Erfassung und Auswertung der Fragebögen sind bei Online-Umfragen weitgehend ausgeschlossen.

> Befragungen von Kunden ermöglichen den Zugang zu besonderen Konkurrenzinformationen, die nicht öffentlich zugänglich sind.

Beispiele für Quellen und Informanten:

1. Kunden

Gemeint sind hier eigene Kunden, aber auch exklusive Kunden der Konkurrenz. Wählen Sie solche Kunden aus, die über möglichst langjährige Erfahrungen mit Konkurrenten und Konkurrenzprodukten verfügen. Führen Sie gut vorbereitete Gespräche mit Anwendern, Planern, Entscheidern und Mitentscheidern aus verschiedenen Abteilungen durch. Nutzen Sie einen schriftlichen Fragebogen als Grundlage des Gesprächs sowie zur späteren Auswertung.

- Begleiten Sie Vertriebsmitarbeiter. Als zuhörender Dritter hören Sie aus dem Gespräch eventuell mehr heraus.
- Befragen Sie Kunden telefonisch.
- Verwenden Sie E-Mail und Telefon.
- Binden Sie den Vertrieb und Service als „Konkurrenzforscher" ein.
- Nutzen Sie günstige Gelegenheiten, um nach Erfahrungen mit Konkurrenten zu fragen (Anrufe Ihres Kunden, Messekontakte, Seminare).

2. Wiederverkäufer

Händler, Vertretungen im In- und Ausland und OEMs verkaufen häufig auch Wettbewerbsprodukte. Diese Informationsquellen sollten Sie anzapfen und nach guten und schlechten Erfahrungen befragen.

3. Produktekauf und detaillierte Untersuchung

Kaufen Sie, wenn möglich, Produkte Ihrer Konkurrenten und untersuchen Sie diese auf Stärken und Schwächen. Ermitteln Sie die Material-, bzw. Herstellkosten. Beschaffen Sie die Produkte direkt oder über Mittler, z.B. über gute Kunden oder Handelsvertreter.

4. Vor-Ort-Besichtigungen

Sollten Sie die Wettbewerbsprodukte aus z.B. Kostengründen nicht beschaffen können, suchen Sie nach Anwendern. Studieren Sie dafür z.B. die Referenzliste Ihrer Konkurrenten und führen Sie eine gründliche Vor-Ort-Besichtigung durch.

5. Messen, Ausstellungen und Kongresse

Messen, Ausstellungen und Kongresse sind die besten Gelegenheiten, um Wettbewerber gezielt zu analysieren. Besonders Messen, auf denen Ihre Konkurrenz mit einem eigenen Stand vertreten ist, eignen sich sehr gut. Suchen Sie bewusst den persönlichen Kontakt zu Wettbewerbern. Halten und pflegen Sie Ihre geknüpften Kontakte. Beobachten und beurteilen Sie Ihre Konkurrenten auf der Messe nach folgenden Punkten:

- Größe und Design des Messestandes
- Wirkung: konservativ oder innovativ?
- Verhalten des Standdienstes
- Ankündigung neuer Produkte
- Darstellung von Produkten auf Tafeln und Modellen
- Argumentation
- Hören Sie sich aufmerksam Vorträge an

6. Direkter persönlicher Kontakt zu Wettbewerbern

Ein guter Draht zum Wettbewerb ist Gold wert. Freunden Sie sich mit den Kollegen des Wettbewerbs an.

7. Kundengruppen-Interview

Eine besondere Form der Kundenbefragung ist das Kundengruppen-Interview. Das Kundengruppen-Interview ist eine der kreativsten Methoden, um Wettbewerbsinformationen direkt vom Kunden zu erfahren. Es eignet sich, um Informationen über Produkte und Dienstleistungen des Wettbewerbs einzuholen, aber auch um die eigene Position im Vergleich zu Wettbewerbern besser bestimmen zu können.

Zur Durchführung werden ausgewählte Personen eingeladen, die Erfahrung mit der Konkurrenz haben, z.B. mit Produkten des Wettbewerbs. Wählen Sie dafür Personen aus unterschiedlichen Abteilungen aus, z.B. Anwender, Einkäufer, Techniker etc. Die Kunden werden in einem Gruppeninterview systematisch zu ihren Erfahrungen befragt. Dies führt zu spontanen Äußerungen, die bei schriftlichen Befragungen nicht offen genannt werden würden. Welche Anbieter von xy-Produkten kennen Sie? Wie sind Ihre Erfahrungen mit der Firma xy? Wie sind Ihre Erfahrungen mit der Installation der Inbetriebnahme, der Handhabung von

Produkten der Firma xy? Strukturieren Sie das Interview nach Informationsgruppen, wie etwa Auftreten des Wettbewerbs, Erfahrungen mit dem Außendienst. Protokollieren Sie die Antworten. Nutzen Sie dafür Pinnwand und Kärtchen.

Mitarbeiter oder ehemalige Mitarbeiter des Wettbewerbs
Abwerben von Mitarbeitern des Wettbewerbs.
Zu den weniger fairen Methoden gehören:

- Platzieren einer Stellenanzeige in der Region des Wettbewerbs mit einem besonders attraktiven Angebot. Ausfragen der Bewerber im zweiten oder dritten Vorstellungsgespräch.

- Vermeintliche Aufnahme von Produkten des Wettbewerbers in das eigene Lieferprogramm. Aufbau von Geschäftsbeziehungen mit dem Konkurrenten. Dabei wird die Firma genau inspiziert sowie eine Lieferantenbewertung durchgeführt. Der Kauf kommt aber aus Preisgründen nicht zustande.

8. Lieferanten und Verarbeiter

Ermitteln Sie mit Hilfe einer Produktuntersuchung, von welchem Hersteller Ihr Konkurrent welche Schlüsselteile oder Baugruppen bezieht. Nehmen Sie Kontakt mit Außendienstmitarbeitern von Lieferanten auf. Schmeicheln Sie dem Außendienstmitarbeiter, wie gut er seine Kunden kennt. Vielleicht „packt er aus".

9. Redakteure von Zeitschriften

Redakteure wollen gerne als erstes über wirtschaftliche und technische Neuigkeiten, die Ihr Publikum, betreffen informiert werden. Halten Sie sich einen Draht zu den Redakteuren von Schlüsselzeitschriften Ihrer Branche. Dafür gut geeignet sind Gespräche auf Messen, aber auch der Kontakt Ihrer PR-Abteilung zur Redaktion.

10. Vergabestellen von Fördergeldern

Anhand von Förderanträgen lassen sich Absichten im F&E-Bereich erkennen.

11. Verbände

Verbände führen Produktionsstatistiken ihrer Mitglieder. Auf Verbandstagungen können Sie Kontakt zu Ihrem Wettbewerb suchen.

12. Normungsgremien

In Normungsgremien finden Sie häufig Ihre aktivsten Wettbewerber. Ein Small-Talk am Mittagstisch bringt manchmal Erstaunliches zu Tage.

> **Kunden und Personen,
> mit denen Ihr Konkurrent in Geschäftsbeziehungen steht,
> sind die ergiebigsten Informationsquellen.**

Tipps für die erfolgreiche Durchführung von Interviews

Interviewtechniken

Wenn Sie folgende Tipps beherzigen, werden Sie bei Interviews schnell zum Ziel kommen.

1. **Personalisieren Sie das Gespräch**
   - Erläutern Sie, wer Sie sind und warum Sie anrufen oder schreiben.
   - Bauen Sie Eisbrecherfragen ein – nicht nur am Anfang.
   - Geben Sie Ihre Telefonnummer für Rückfragen an.

2. **Fixieren Sie eine Zielperson**
   - Stellen Sie fest, mit welcher „Funktion" Sie sprechen wollen, bevor Sie anrufen oder schreiben.
   - Erfragen Sie den Namen der Zielperson über die PR- oder Personalabteilung.
   - Notieren Sie den Namen des Gesprächspartners mit Durchwahl.

3. **Zeigen Sie Neugier, nicht Allwissenheit**
   - Gehen Sie davon aus, dass die meisten Menschen gerne über das reden, was sie wissen. Animieren Sie sie dazu. Hören Sie aktiv zu!
   - Zeigen Sie keine Aggression oder Eile und flehen Sie nicht nach Informationen.

4. **Benutzen Sie Ihre Stimme als Visitenkarte**
   - Lächeln Sie – und Sie haben automatisch eine freundliche Stimme.
   - Telefonieren Sie im Stehen, wenn Sie Ihrer Stimme mehr Volumen und Ausdruckskraft verleihen möchten.

5. **Informieren Sie sich vorab**
   - Versuchen Sie das Gleichgewicht zwischen Allwissenheit und Naivität zu halten.

- Zeigen Sie getarnte Neugier – aber wappnen Sie sich vorher mit Daten, um die richtigen Rückfragen zu stellen.

6. Halten Sie den Dialog aufrecht
- Kommentieren Sie die Antworten, so dass Sie nicht nur Fragen stellen.
- Geben Sie auch Ihrem Gesprächspartner die Möglichkeit, Fragen zu stellen.
- Tauschen Sie Informationen aus.

7. Wie Sie mit Zahlen umgehen
- Keiner hat Zahlen im Kopf. Vereinbaren Sie einen Rückruf.
- Geben Sie sich alternativ mit „von-bis-Zahlen" zufrieden.

8. Geben Sie an, Sie wurden an den Gesprächspartner weiterempfohlen
- Es schmeichelt sehr, wenn man hört, man wurde empfohlen. Es bannt die Skepsis. Nachschlagewerke gelten ebenfalls als Empfehlung.

9. Timing ist alles
- Montag morgens und Freitag abends vermeiden.
- Vormittage sind besser als Nachmittage.

10. Lassen Sie sich nicht abwimmeln
- Seien Sie beharrlich – aber in Grenzen.
- Lassen Sie sich einen verbindlichen Termin für einen Rückruf geben.
- Geben Sie an, wie viel Zeit Sie für das Gespräch benötigen werden.

11. Erstellen Sie einen Fragebogen oder Interviewleitfaden
- Dadurch sichern Sie die Vergleichbarkeit der Ergebnisse.
- Sie können das Vokabular einüben.
- Sie ermöglichen einen logischen Pfad der Gesprächsführung.

Beispiel-Leitfaden für eine telefonische Befragung

Telefonische Befragungen erfordern eine gründliche Vorbereitung und einen Leitfaden. Achten Sie vor allem auf einen psychologisch günstigen Ablauf Ihres Interviews. Das nachfolgende Gespräch ist als Kundenbefragung getarnt, der wahre Grund wird nicht genannt. Tatsächlich dient das Gespräch dazu, den Kunden über Erfahrungen mit der Konkurrenz „auszuhorchen".

1. **Vorstellen**
   „Guten Tag Herr Huber. Mein Name ist Peter Klein von der Firma Müller AG."

2. **Gesprächspartner definieren (wenn erforderlich)**
   „Es ist doch richtig, dass Sie Leiter der Abteilung ... sind?!"

3. **Wertschätzung für den Gesprächspartner zeigen**
   „Herr Huber, Sie sind mir als (besonders) kompetenter Gesprächspartner zum Thema ... genannt worden."

4. **Kurze Info geben, worum es geht. „Höheren Grund" des Interviews ansprechen**
   „Wir sind Hersteller von ..." oder „Sie kennen sicherlich unser Unternehmen. Wir sind Hersteller von ..."
   „Wir beabsichtigen unser Produkt ... zu verbessern. Dazu befragen wir die kompetentesten Anwender und Experten/unsere erfahrensten Kunden."
   „Die Befragung dient dazu... Sie haben die Möglichkeit an der Gestaltung von ... mitzuwirken."

5. **Bereitschaft abfragen**
   „Darf ich Ihnen dazu ein paar kurze Fragen stellen? Wir benötigen etwa vier Minuten dafür."

6. **Auf das Thema kommen. Nach Erfahrung fragen bzw. Fragen stellen**
   „Herr Huber, setzen Sie in Ihrem Unternehmen ... ein?" usw. oder „Herr Huber beim ... tritt folgendes Problem auf... Wie sind da Ihre Erfahrungen?" „Mit welchen Produkten arbeiten Sie? ... Wie sind Ihre Erfahrungen?" „Ist das Produkt der Firma ... wirklich so gut, wie es die Prospekte behaupten?" Bleiben Sie beim Thema Wettbewerb hängen, haken Sie nach.

7. **Höchstes Interesse zeigen, Bestätigung geben und nachhaken, um das zu erfahren, was Sie wissen wollen**
   „Das ist äußerst interessant, was Sie da sagen..."

8. **Schreiben Sie mit**

9. **Schätzen Sie die Kompetenz Ihres Gesprächspartners ein. Handelt es sich um einen Schwätzer oder eher um einen wertvollen Interviewpartner für Sie?**
   Vergeben Sie die Note „+10" für Top-Kompetenz, die Note „1" für unbrauchbare Informationen.

10. **Schließen Sie das Gespräch ab**
    „Herr Huber, vielen Dank für dieses interessante Gespräch. Darf ich Sie noch einmal anrufen, wenn wir Fragen zum Thema ... haben?"

Die Neugierigen machen ziemlich viele Fehler...
...aber sie lernen aus den Niederlagen mehr
als ihre ruhebedürftigen Konkurrenten aus den Nichtfehlern,
die mit Nichtstun und Nullrisiko verbunden sind.

5.4 Informationsquelle Internet

Das Internet ist, wie bereits im Zusammenhang mit Desk Research angesprochen, eine wertvolle Informationsquelle. Sie finden im Internet nicht nur solche Informationen, die Ihre Konkurrenz über sich selbst preis gibt, sondern Sie können auch erfahren welche Meinungen und Informationen andere Anspruchsgruppen, wie z.b. Kunden oder Händler über Ihre Konkurrenzunternehmen, aber auch über Ihr eigenes Unternehmen haben. Beispiele sind Fachforen, Blogs und Wikis.

Gemäß einer Statistik von TNS Infratest lag der Anteil der Internetnutzer in Deutschland bereits im Jahr 2011 bei über 70%. Heute deutlich über 90%. Dies verdeutlicht die hohe Bedeutung des Internets sowohl im privaten als auch im geschäftlichen Umfeld. Mit der zunehmenden Internetnutzung sowie Verbesserung und Ausweitung der technischen Möglichkeiten im Soft- und Hardwarebereich, steigt auch die Fülle und der Umfang an im Internet verfügbaren Inhalten. Damit stellt sich zum einen die Frage, wie Sie relevante Informationen für Ihre Konkurrenzanalyse im Internet auffinden können und zum anderen besteht im Geschäftsalltag die Anforderung die Informationsrecherche möglichst effizient durchzuführen. Dafür stellen wir Ihnen in den nachfolgenden Kapiteln hilfreiche Möglichkeiten und Beispiele zur Informationsbeschaffung über das Internet vor.

Mit Hilfe des Internets können Sie Informationen gewinnen, in dem Sie selbst aktiv werden und eine Recherche starten. Sie können sich aber auch, nachdem Sie einen Internet-Dienst einmalig beauftragt haben, automatisch mit neuen Informationen versorgen lassen (z.b. über Google Alerts).

Um Informationen aktiv, nach dem so genannten Pull-Prinzip zu gewinnen, entscheiden **Sie**, wann und welche Inhalte Sie abrufen möchten. Bei der passiven Informationsgewinnung nach dem Push-Prinzip geht die Initiative der Informationsversorgung von Seiten des Inhalteanbieters aus. Dieser versorgt Sie automatisch mit neuen Informationen, sobald diese verfügbar sind. Dies bietet Ihnen den Vorteil, dass Sie keine Zeit aufwenden müssen um nach neuen Informationen zu recherchieren. Außerdem sind Sie davor gefeit aktuelle Entwicklungen zu verpassen oder darüber erst spät, evtl. zu spät informiert zu werden.

Beispiele für Internetquellen, die Ihren aktiven Rechercheeinsatz erfordern, sind die unternehmenseigene Darstellung Ihrer Konkurrenz im Internet z.b. über eine eigene Homepage, Facebookseite, Videos bei YouTube und Präsentationen bei SlideShare. Weiterhin bietet sich die Nutzung von Suchmaschinen, elektronischen

Datenbanken und Marktplätzen an. Um sich passiv mit Informationen versorgen zu lassen, können Sie E-Mail-Newsletter, RSS-Feeds und Twitter-Nachrichten abonnieren oder Google Alerts erstellen. Es kann für Sie auch nützlich sein, Bookmarking-Dienste zu nutzen. Bookmarking-Dienste bieten sich an um Links und Inhalte zu Konkurrenten zu sammeln.

Einige Bookmarking Tools bieten zusätzlich die Möglichkeit, Inhalte und Links zu gruppieren bzw. miteinander zu verknüpfen (Kuratierfunktionen). Die aufgezählten Möglichkeiten werden im Folgenden erläutert.

Sollten Sie ein Bookmark Tool verwenden wollen, entscheiden Sie sich für eines mit Kuratierfunktionen.

Beispiele für Bookmarking-Dienste

MammothHQ (https://mammothhq.com/)

Abbildung 5.6: Webanwendung für Social Bookmarking.
Quelle: http://t3n.de/news/bookmarking-25-dienste-tools-469708/

„MammothHQ ist eine Kombination aus Bookmarking-Dienst und Content-Curation-Tool. Der Dienst erlaubt das Speichern von unterschiedlichen Inhalten wie Links, Texten und Bildern von jeder beliebigen Website. Diese einzelnen Inhalte kann man dann auf unterschiedlichen Boards sammeln. Diese kuratierten Sammlungen lassen sich mit anderen Nutzern teilen und auch im Team bearbeiten."

Quelle: http://t3n.de/news/bookmarking-25-dienste-tools-469708/

Paper.li (http://paper.li/)

Abbildung 5.7: Webanwendung für Social Bookmarking.
Quelle: http://iblogmagazine.com/resources/c/content-curation/

„Paper.li ist in erster Linie ein Dienst für Kuratoren, mit dem sich eine eigene **Online-„Zeitung"** erstellen lässt. Neben dem Einbinden von Feeds wie Twitter, RSS, YouTube, G+, Facebook und weiteren, können mit Hilfe eines Bookmarklets auch einzelne Webseiten dem eigenen Magazin hinzugefügt werden. Entscheidet man sich für die Pro-Version, kann man dem Magazin ein eigenes Branding und Logo verpassen und Werbebanner entfernen."

Quelle: http://t3n.de/news/bookmarking-25-dienste-tools-469708/

Scoop.it (http://www.scoop.it/)

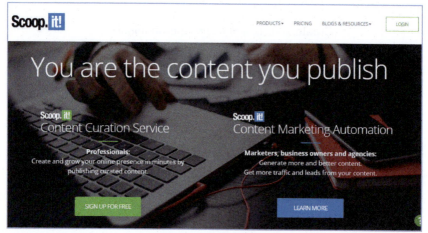

Abbildung 5.8: Webanwendung für Social Bookmarking.
Quelle: https://www.pickaweb.co.uk/blog/7-essential-social-media-tools-for-small-business/

„Scoop.it ist in einer kostenlosen und einer kostenpflichtigen Version erhältlich. Der Dienst eignet sich zum Kuratieren von Inhalten und bietet dabei ein Layout, das an ein Print-Magazin erinnert. Mittels eines Bookmarklets lassen sich die gewünschten Inhalte speichern. Entsprechende Apps sind für iOS, Android und Windows Phone erhältlich."

http://t3n.de/news/bookmarking-25-dienste-tools-469708/2/

„Scoop.it ist für alle die, die Alternativen für ihren RSS-Feed-Reader suchen. Scoop.it ist ähnlich wie Paper.li eine Art von Onlinezeitung oder Timeline. Der Unterschied ist allerdings, dass sich der Content nicht aus Twitter- oder Facebook-Links auf verlinkte Webartikel speist sondern Scoop.it über ein eigenes Browser-Add-On von jedem Nutzer selbst gespeist wird. Jeder Nutzer bestimmt damit selbst den Inhalt der Seite.

Nach einmaligem LogIn auf der Scoop.it-Homepage kann jeder Nutzer beliebig viele Themen selbst kuratieren, also anlegen und dann regelmäßig pflegen. Scoop.it kostet also schon mal eins: Zeit..
Surfe ich also im Netz und sehe Artikel XY, dann klicke ich einfach auf den

Scoop.it-Button in der Lesezeichenleiste. Ich kann den Artikel benennen und dann meiner Sccop.it-Timeline hinzufügen. Diese Timeline und auch die anderer Nutzer kann ich auf Twitter oder Facebook teilen oder sie mir täglich per E-Mail zuschicken lassen."

Quelle: https://peopleandmedia.wordpress.com/2011/05/17/ scoop-it-was-taugt-der-bookmarking-dienst/

Dragdis (https://dragdis.com/)

Abbildung 5.9: Webanwendung für Social Bookmarking.
Quelle: https://www.heise.de/ct/ausgabe/2014-10-Internet-Web-Tipps-2170606.html

„Dragdis ist ein Neuzugang unter den Bookmarking-Diensten, der mit einigen pfiffigen Features aufwarten kann. Dragdis ist eine Kombination aus Bookmarklet und Cloud-Dienst, die es dem Nutzer ermöglicht, per Drag & Drop Links, Texte, Bilder und Fotos in Ordner zu verschieben. Sobald man ein Inhaltselement auf einer Webseite markiert und nach rechts zieht, erscheint im Browser-Fenster eine

Liste mit den vom Nutzer in Dragdis angelegten Ordnern"

Quelle: http://t3n.de/news/bookmarking-25-dienste-tools-469708/

„Sobald man das für Chrome, Firefox und Safari erhältliche Bookmarklet installiert hat, kann es los gehen. Dann ist es beispielsweise möglich, eine Text-Passage zu markieren und diese einfach per Drag&Drop in einen Ordner zu ziehen. Sowohl YouTube- als auch Vimeo-Videos lassen sich ebenso bookmarken wie fast alle Bilder, über die man im Web stolpert. Dragdis lässt sich aber auch als herkömmlicher Bookmarking-Dienst für das Speichern kompletter Webseiten nutzen."

„Der Bookmarking-Dienst ist dank der Drag&Drop-Funktionalität intuitiv zu bedienen und überzeugt mit einem aufgeräumten Interface. Die Möglichkeit, nur bestimmte Teile einer Webseite zu bookmarken, ist ein tolles Feature, das bei sinnvoll angelegten Ablage-Ordnern sein volles Potenzial ausspielt."

Quelle: http://t3n.de/news/dragdis-tolles-tool-bookmarken-464341/

Bookmarking Tools eignen sich, um z.B. den Vertrieb online über aktuelle Wettbewerbsthemen auf dem Laufenden zu halten ("Wettbewerber-Zeitung").

5.4.1 Aktive Informationsgewinnung nach dem Pull-Prinzip

5.4.1.1 Firmeneigene Darstellung des Wettbewerbs im Internet (Homepage, Facebook, YouTube, SlideShare)

Der einfachste und schnellste Weg, um etwas über seine Konkurrenz zu erfahren, ist meist das Aufrufen der Wettbewerber-Homepage. Heute sind die allermeisten, sowohl kleinere als auch größere Unternehmen, im Internet mit einer eigenen Webseite mit Suchfunktion vertreten.

Auf einer Unternehmenshomepage finden Sie meist Informationen über die Geschäftsfelder und Produkte, Standorte, Personalsuche, Unternehmensgeschichte sowie aktuelle Meldungen. Möchten Sie sich nicht nur einen Überblick über das Konkurrenzunternehmen verschaffen, sondern vor allem über seine Außendarstellung, so sind Sie mit einem Besuch der Firmenhomepage auf dem besten Weg. Weiterhin präsentieren immer mehr Unternehmen auch Informationen auf einer eigenen Facebookseite, in Videos auf YouTube oder in Präsentationen auf SlideShare.

Ob Konkurrenzunternehmen auf Facebook vertreten sind, erfahren Sie entweder über deren Homepage oder indem Sie **www.facebook.de/unternehmensname** oder **www.facebook.com/unternehmensname** eingeben.

Auf eigene YouTube-Videos wird ebenfalls in der Regel von der eigenen Homepage aus verlinkt oder Sie recherchieren direkt über die Suchmaske unter **www.youtube.de**. Suchen Sie nicht nur nach dem firmeneigenen YouTube-Kanal, sondern prüfen Sie auch, ob andere Nutzer Videos z.B. über die Produkte Ihrer Konkurrenz zur Verfügung gestellt haben. So können Sie möglicherweise einfach und schnell an Informationen gelangen, die Sie über andere Wege und Quellen nur schwierig oder überhaupt nicht einholen könnten. Als Beispiel seien hier YouTube-Videos von Maschinen im laufenden Betrieb genannt, die Aufschluss über die Bauweise oder verwendete Komponenten geben können.

Eine weitere Informations- bzw. Präsentationsplattform ist SlideShare (**www.slideshare.com**). SlideShare ist nach eigenen Angaben die weltgrößte Community für den Austausch von Präsentationen. Sie wird sowohl von Privatpersonen als auch von Unternehmen genutzt. Neben Präsentationen finden sich auf SlideShare auch Dokumente, PDFs, Videos und Webinare. Alle Inhalte können kostenfrei heruntergeladen und genutzt werden. Viele, vor allem internationale Unternehmen, nutzen diese Plattform. Beziehen auch Sie diese Informationsquelle in Ihre Konkurrenzanalyse ein und suchen Sie auf SlideShare über die Suchmaske nach relevanten Informationen über bzw. von Ihren Konkurrenten.

Sie können sich über neue Einträge bei Facebook, YouTube und SlideShare auch automatisch informieren lassen (Push-Prinzip). Dies setzt voraus, dass Sie ein Benutzerkonto beim jeweiligen Portalanbieter erstellt und die gewünschten Kanäle abonniert haben. Da Profile im geschäftlichen Umfeld bei Facebook, YouTube und SlideShare jedoch nicht üblich sind, werden diese Informationsquellen hier zum Kapitel aktive Informationsgewinnung nach dem Pull-Prinzip gezählt.

5.4.1.2 Suchmaschinen

Mit Hilfe von Suchmaschinen können Sie im Prinzip das gesamte Internet nach bestimmten Suchbegriffen durchforsten. Die in Deutschland bekannteste und am häufigsten genutzte Suchmaschine ist Google (**www.google.de**).

Klassische Suchmaschinen sind auf Text ausgerichtet, viele bieten jedoch zusätzlich eine Bilder- und Videosuche an. Weiterhin gibt es speziellere Suchmaschinen z.B. für Blogs und Produkte. Im Anhang haben wir für Sie einige Suchmaschinen mit den dazugehörigen Links aufgelistet.

Mit den folgenden Hinweisen und Tipps können Sie Ihre Websuche effizient durchführen und treffendere Suchergebnisse erzielen.

- Die Groß- und Kleinschreibung spielt bei der Eingabe der Suchbegriffe keine Rolle.
- Geben Sie mehr Suchbegriffe ein, um die Zahl der Suchergebnisse zu verringern, z.B. nicht nur „Konkurrenzanalyse", sondern „Konkurrenzanalyse B2B". So erhalten Sie mehr relevante Treffer. Im Umkehrschluss geben Sie weniger Suchbegriffe ein, um die Zahl an gefundenen Seiten zu erhöhen.
- Setzen Sie Ihren Suchbegriff/Ihre Suchbegriffe in Anführungszeichen, wenn die Ergebnisseiten die Wörter in genau dieser Reihenfolge und Schreibweise enthalten sollen.
- Möchten Sie bestimmte Begriffe von der Suche ausschließen, schreiben Sie direkt vor das Wort ohne Leerzeichen ein

Minuszeichen. Vor dem Minuszeichen muss ein Leerzeichen stehen. Wenn Sie z.B. Informationen zu Konkurrenzanalyse, aber keine Software für Konkurrenzanalyse suchen, geben Sie in die Suchmaske „Konkurrenzanalyse -Software" ein.
- Die Eingabe eines Sternchens * fungiert als Platzhalter für einen unbekannten Begriff (nur für ganze Wörter, nicht für Teilwörter).
- Verwenden Sie den Operator ODER (in Großbuchstaben) in Ihrer Suchanfrage, so beauftragen Sie die Suchmaschine Ihnen Seiten mit irgendeinem der vor bzw. hinter dem Operator stehenden Begriffe auszugeben. Dies kann zum Beispiel bei einer Suchanfrage mit Jahreszahlen hilfreich sein.

Suchen Sie beispielsweise mit Google nach dem Stichwort „Wettbewerb", so werden Ihnen 9,7 Mio. Suchergebnisse, in denen dieser Begriff erwähnt wird, angezeigt. Geben Sie ein zweites Kriterium ein, „Wettbewerb Analyse", erhalten Sie noch knapp 8,4 Mio. Treffer. Schränken Sie Ihre Suche noch zeitlich weiter ein „Wettbewerb Analyse 2016 ODER 2017" verbleiben noch 1,2 Mio. relevante Webseiten.

5.4.1.3 Online-Datenbanken

Online-Datenbanken sind der Highway zu zahlreichen Quellen für wertvolle Konkurrenzinformationen. Datenbanken im Allgemeinen enthalten einen großen Bestand an elektronisch gespeicherten Daten, die über einen Computer abrufbar sind. Die Organisation von Daten in einer Datenbank dient dem Zweck auf diese schnell und einfach zugreifen zu können. Eine Datenbank kann von mehreren Anwendern gleichzeitig genutzt werden.

Online-Datenbanken werden über das Internet bereitgestellt und sind meist kostenpflichtig.

Es können grundsätzlich drei verschiedene Datenbank-Typen unterschieden werden:

- Faktendatenbanken
- Bibliografische Datenbanken
- Volltextdatenbanken

Faktendatenbanken bieten direkten Zugriff auf Primärdaten, das heißt auf gemessene oder beobachtete Daten wie z.B. auf Firmeninformationen und Statistiken. Der Datenbestand einer Faktendatenbank ist gut strukturiert und eine Recherche mit Hilfe der Suchfelder einfach möglich.

Die Suche in einer bibliografischen Datenbank führt nicht direkt zur gesuchten Information, sondern zeigt die bibliografischen Angaben der Dokumente, die die gesuchten Informationen enthalten. Deshalb wird diese Art von Datenbank mitunter auch als „Verweisdatenbank" bezeichnet. Diese umfassen ein bestimmtes Fachgebiet oder Thema und eignen sich vor allem für eine sachliche Suche.

In einer Volltextdatenbank können, wie aus der Begrifflichkeit hervorgeht, Volltexte direkt und vollständig abgerufen werden. Die Datenbank kann nach verschiedenen Kriterien durchsucht werden, wohingegen eine Schlagwortsuche in der Regel nicht möglich ist. **Lexis-Nexis** ist eine der bekanntesten Volltextdatenbanken.

Anbieter von Online-Datenbanken

Der Zugriff auf das umfangreiche Datenbankenangebot kann über eine Reihe von Datenbankproduzenten und -Hosts erfolgen. Die einzelnen Organisationen sind mit unterschiedlichem Engagement auf dem deutschen Markt tätig. Nachfolgend einige repräsentative Firmen und Institutionen der Informationsindustrie:

ProQuest (www.proquest.com)
Dialog LLC bietet Unternehmen weltweit, Zugriff auf mehr als 900 Datenbanken. Damit sollen diese bei der Erreichung von Wettbewerbsvorteilen in den Bereichen Wirtschaft, Wissenschaft, Entwicklung, Finanzen und Recht unterstützt werden. Das Informationsangebot umfasst unter anderem die Fachgebiete: Luft- und Raumfahrt, biomedizinische Forschung, Biotechnologie, Wirtschaft und Finanzen, Chemie, Energie und Umwelt, Ernährung und Landwirtschaft, Medizin, Pharmazie, Sozialwissenschaften, Medien sowie Wissenschaft und Technik.

DIMDI (www.dimdi.de)
Das Deutsche Institut für Medizinische Dokumentation und Information (DIMDI) betreibt Informationssysteme für Arzneimittel, Medizinprodukte und zur Be-

wertung gesundheitsrelevanter Verfahren. Mehr als 60 Datenbanken mit wissenschaftlichen Literaturhinweisen und Fakten aus den Bereichen Medizin, Arzneimittel, Toxikologie, Medizinprodukte, Biologie und Psychologie können durchsucht werden. Das DIMDI arbeitet in allen Aufgabenbereichen eng mit nationalen und internationalen Institutionen zusammen, darunter auch die Weltgesundheitsorganisation sowie EU-Behörden.

WTI-Frankfurt eG (www.wti-frankfurt.de)
WTI steht für Wissenschaftlich-Technische Information. Die Genossenschaft produziert mehrere Datenbanken im Bereich Technik und Management. Die WTI wurde im November 2010 als Nachfolgeorganisation des ehemaligen FIZ Technik gegründet. Hochwertige Fachinformationen für Wissenschaft, Forschung, Lehre und Industrie werden zur Verfügung gestellt.

GBI-Genios Deutsche Wirtschaftsdatenbank GmbH (www.genios.de)
GENIOS, ein Tochterunternehmen der Frankfurter Allgemeinen Zeitung und der Verlagsgruppe Handelsblatt, ist Datenbankproduzent, Datenbank-Host und Informations-Dienstleister. Kunden können in rund 1.000 Datenbanken von mehr als 290 namhaften Verlagen und Informationsanbietern nach Firmen- und Personeninformationen, Presseartikeln, E-Books, Arbeitshilfen und mehr recherchieren. Zu den eigenen Informationsangeboten gehören z.B. GENIOS BranchenWissen und GENIOS WirtschaftsWissen.

LexisNexis GmbH (www.lexisnexis.de)
LexisNexis® gehört zu den führenden Anbietern von internationalen Nachrichten sowie Branchen- und Firmeninformationen. Angeboten werden Informations- und Technologielösungen in den Bereichen Research, Web Monitoring, Intellectual Property, Risk und Academic. LexisNexis® kann mehr als 30 Jahre Erfahrung in der Bereitstellung von Online-Informationen nachweisen. Zur Verfügung stehen weltweit fünf Milliarden Dokumente von über 45.000 Quellen.

Questel (www.questel.com)
Das Unternehmen Questel ist eine Fusion aus dem europäischen Unternehmen Questel und dem US-amerikanischen Unternehmen Orbit. Questel hat sich auf Patente spezialisiert und bietet mehr als 150 Datenbanken.

STN International Europe (www.stn-international.de)
STN ist ein Online-Datenbank-Dienstleister der weltweiten Zugriff auf z.B. Forschungsergebnisse, Zeitschriften und Patente renommierter Datenbankproduzen-

ten bietet. Die Fachgebiete umfassen Natur- und Sozialwissenschaften, angewandte Wissenschaften und Mathematik.

Recherchen in Online-Datenbanken

Für die Recherche in Online-Datenbanken sind lediglich Internetzugang und Zugangsdaten erforderlich. Alternativ bieten Datenbankproduzenten oder -Hosts zum Teil auch die Möglichkeit Datenbankinhalte ins unternehmenseigene Intranet einzubinden.

Der erste Schritt der Recherche ist die präzise Formulierung der Aufgabenstellung. Daraus leiten Sie den oder die Suchbegriffe ab. Anschließend erfolgt die Auswahl der Datenbank bzw. des Informationsanbieters. Die Suche selbst ist teilweise kostenfrei möglich, für die Informationsabfrage fallen Gebühren an. Nach der Eingabe des Stichworts in die Suchmaske erhalten Sie eine Liste der Datenbanken und die Anzahl der Dokumente, die von diesem Anbieter zum gewählten Stichwort gespeichert sind. Danach wählen Sie das gewünschte Dokument aus und speichern es ab und/oder drucken es aus.

Online-Datenbanken lassen sich u.a. für folgende Recherchen einsetzen:

- Fachartikel, Veröffentlichungen in Fachzeitschriften
- Patente
- Normen
- Zeitungsartikel
- Wirtschaftsinformationen
- Unternehmen und Produkte
- Trademarks

Die Zugangsvoraussetzungen zu den Informationsquellen sind mannigfaltig und die Kostenstruktur weist eine große Bandbreite auf. Es empfiehlt sich, vorher den genauen Informationsbedarf abzuklären, z.B. ob Sie regelmäßig viele oder nur sporadisch Informationen benötigen oder ob Sie Informationen online abrufen oder über das Intranet zur Verfügung stellen möchten. Von diesen Entscheidungen hängen Ihre späteren Kosten ab.

Patent Recherchen: Patentradar.de

Die Anzahl von Patenten, die Ihre Wettbewerber für bestimmte technologische Felder anmelden, kann als Hinweis für F&E Aktivitäten dienen und gleichzeitig die Strategie des Wettbewerbs aufzeigen.

Top-12-Wettbewerber weltweit 3D-Druck

Anmelder	Patentanmeldungen	Erfinder
3D Systems	92	143
EOS Electro Optical Systems	65	119
###	51	63
MTU Aero Engines	51	59
Seiko Epson	51	34
###	48	80
###	46	37
Sony	43	72
###	34	24
Hewlett Packard	31	39
Fraunhofer	30	81
Boeing	28	54

Das Patentradar zeigt unternehmensscharf auf, wer Patente anmeldet und wie viele Erfinder beteiligt sind.
Das Unternehmen „3D Systems" führt die Auswertung mit 92 Anmeldungen an, aber auch Forschungseinrichtungen wie „Fraunhofer" sind unter den Top-15 vertreten.
Die Vergleichssamples Ihrer Konkurrenten sind frei wählbar.

Abbildung 5.10: Beispiel (Auszug) einer weltweiten Recherche der Top 12 Wettbewerber über Patente im 3D-Druck im Zeitraum von 4/2004 bis 3/2014. Quelle: iW.CONSULT.de (Institut der deutschen Wirtschaft Köln Consult GmbH)

5.4.1.4 Elektronische Marktplätze

Auf einem elektronischen Marktplatz treffen Angebot und Nachfrage virtuell aufeinander. Im Gegensatz zu einem Online-Shop und eProcurement-System zeichnet sich ein elektronischer Marktplatz sowohl durch viele Lieferanten als auch durch viele Kunden aus. Bei einem Online-Shop steht ein Anbieter vielen Kunden gegenüber, während es bei einem eProcurement-System einen Kunden und mehrere Anbieter gibt.

Über elektronische Marktplätze können Sie Informationen über Ihre Konkurrenten bzw. über deren Produkte gewinnen. Die Handelsplattformen bieten aufgrund ihrer Markttransparenz einen idealen Einstieg für die Konkurrenzanalyse. Die Angebote und Kaufwünsche sind über das Internet global präsent und abrufbar.

Derzeit dürften weltweit schätzungsweise mehrere tausend solcher Marktplatzportale betrieben werden. Da jedoch in den letzten Jahren ein Konzentrationsprozess stattgefunden hat, wird angenommen, dass die Zahl an relevanten elektronischen Marktplätzen bei mehreren Hundert liegt.

Es gibt unterschiedliche Typen von elektronischen Marktplätzen:

- **Vertikale Marktplätze:** Die Transaktionen erfolgen innerhalb einer Branche, z.B. Elektrotechnik oder Maschinenbau.
- **Horizontale Marktplätze:** Der Handel erfolgt branchenunabhängig. Es werden Produkte und Dienstleistungen angeboten, für die alle Unternehmen Bedarf haben, z.B. Büroausstattung, Produkte der Informationstechnik oder Logistikdienstleistungen.
- **Verkäufer-Sites:** Mehrere Anbieter bauen eine gemeinsame Plattform für den Verkauf von Produkten auf.
- **Käufer-Sites:** Mehrere Nachfrager gründen gemeinsam einen elektronischen Marktplatz für den Einkauf ihrer Produkte.
- **Intermediär-Sites:** Dienstleister (Händler, Logistik-Unternehmen, Softwareanbieter) entwickeln Marktplätze.

Nachfolgend finden Sie beispielhaft einige ausgewählte elektronische Marktplätze. Weitere Marktplätze sind im Anhang aufgeführt.

Web-Adresse	Art des elektronischen Marktplatzes
www.vdma-e-market.de	Vertikaler Marktplatz für Industrieprodukte
www.supplyon.de	Vertikaler Marktplatz für die Automobil-, Luft- und Raumfahrt- sowie Fertigungsindustrie
www.maschinenmarkt.de	Vertikaler Marktplatz für die Bereiche Maschinen- und Anlagenbau
www.mercateo.com	Horizontaler Marktplatz für Bürobedarf, Elektronik, Arbeitsschutz...

5.4.2 Passive Informationsgewinnung nach dem Push-Prinzip

5.4.2.1 E-Mail-Newsletter abonnieren

Viele Unternehmen setzen E-Mail-Newsletter als Marketinginstrument ein. Diese können über die Firmenhomepage kostenlos abonniert werden. Nicht selten werden sogar mehrere Newsletter mit unterschiedlichen Themenbereichen angeboten oder der Website-Besucher kann bei der Aktivierung individuell auswählen über welche Themenbereiche er im Newsletter informiert werden möchte.

Prüfen Sie ob Ihre Konkurrenten auf Ihrer Unternehmenshomepage Newsletter anbieten. Wenn ja, so abonnieren Sie diesen und nutzen Sie die Chance, regelmäßig, automatisch und kostenlos über neue Entwicklungen bei Ihren Konkurrenten informiert zu werden. Bei Bedarf bietet sich auch die Recherche in älteren Newsletterausgaben an. Viele Unternehmen haben auf Ihrer Homepage eine Rubrik Newsletter-Archiv.

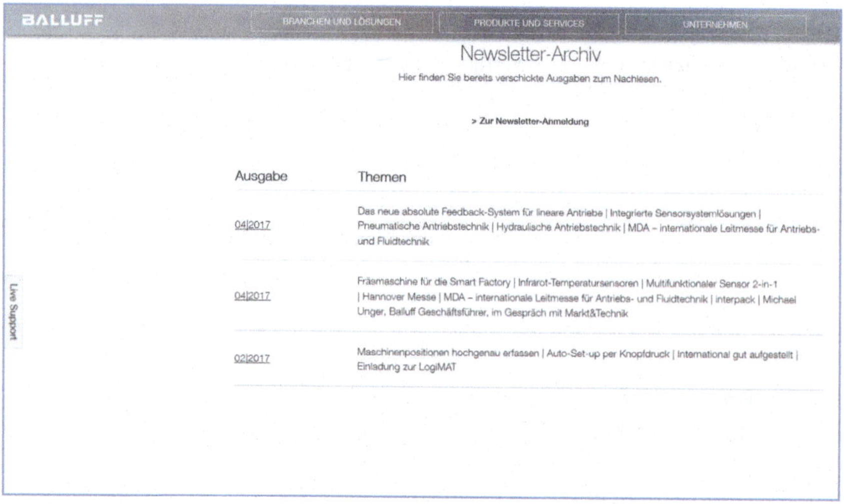

Abbildung 5.11: Newsletter-Angebot und -Archiv von www.balluff.de

5.4.2.2 Google Alerts erstellen

Google Alerts ist ein kostenloser Informationsdienst von Google. Mit Google Alerts können Sie sich automatisch über neue Internet-Inhalte zu bestimmten Themen benachrichtigen lassen und Nachrichten sowie Google-Ergebnisse per E-Mail empfangen. So bleiben Sie über Ihre relevanten Konkurrenten und/oder Branchen immer auf dem Laufenden.

Um einen neuen Alert zu erstellen, gehen Sie zu https://www.google.de/alerts und geben im Eingabefeld „Alert erstellen für" passende Begriffe zu Ihrem relevanten Analysebereich ein. Damit legen Sie fest, zu welchem Suchbegriff Sie über neue Google-Suchergebnisse informiert werden möchten. Weiter geben Sie an, wie häufig Sie neue Suchergebnisse per E-Mail empfangen möchten (bei Veröffentlichung, einmal täglich, wöchentlich). Außerdem können Sie bei Bedarf die Sprache und Region auswählen sowie die Anzahl der Benachrichtigungen von „Alle Ergebnisse" auf „Nur die relevantesten Ergebnisse" einschränken.

5 | Wie Sie relevante Wettbewerbsinformationen gewinnen

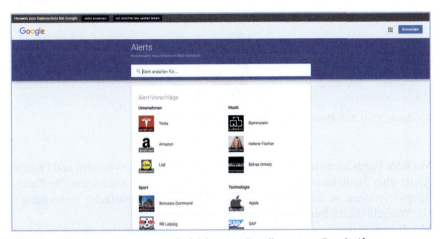

Abbildung 5.12: Webseite www.google.de/alerts zur Erstellung eines Google Alerts

Werden Sie nach der Erstellung eines Alerts mit zu vielen irrelevanten Alert-E-Mails überschwemmt, spezifizieren Sie Ihre Suchanfrage, indem Sie nicht relevante, evtl. angrenzende Themenbereiche ausschließen. Dafür beachten Sie die Tipps für Suchmaschinen in Kapitel 5.4.2.1 und schließen z.B. bestimmte Begriffe durch Verwendung des Minuszeichens aus Ihrer Suchanfrage aus.

5.4.2.3 RSS-Feeds abonnieren

Abbildung 5.13: RSS-Feed-Logo

Mit RSS-Feeds können Sie sich ähnlich wie mit E-Mail-Newslettern und Google Alerts über Neuigkeiten informieren lassen. RSS ist die Abkürzung für Really Simple Syndication und bedeutet auf Deutsch „wirklich einfache Verbreitung". Die Wurzeln dieses Internetstandards liegen im Jahre 1999.

Mit diesem elektronischen Nachrichtenformat können Sie den gesamten Inhalt oder Teile einer Webseite abonnieren und so sicherstellen, dass Sie keine aktuellen Änderungen verpassen. Ein Besuch der Webseite ist nicht mehr notwendig, weil neue Nachrichten automatisch geladen werden. Diese können Sie über die Schlagzeilen in Ihrem Feedreader nachverfolgen und bei Bedarf per Link die Originalseite aufrufen.

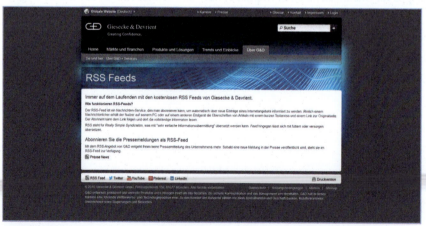

Abbildung 5.14: Webseite von www.gi-de.de mit RSS-Feed-Angebot

Viele Unternehmen bieten heute ihren Website-Besuchern die Möglichkeit, ihre

News und Nachrichtenmeldungen als RSS-Feed zu abonnieren. Weiterhin können Sie sich per RSS-Feed von Nachrichtenverlagen wie z.b. dem Handelsblatt über aktuelle Wirtschaftsthemen informieren lassen.

Der Vorteil im Vergleich zu Google-Alerts und insbesondere zu E-Mail-Newslettern besteht darin, dass Sie für deren Nutzung keine E-Mail-Adresse preisgeben müssen und somit völlig anonym Informationsquellen beobachten können. Voraussetzung ist, dass der Website-Anbieter RSS-Feeds zur Verfügung stellt. Weiterhin benötigen Sie wahlweise einen RSS-Feed unterstützenden Mail-Client (z.B. MS Outlook), einen Browser mit integriertem RSS-Reader (z.B. Mozilla Firefox) oder einen eigenständigen RSS-Reader (z.B. Feedreader). Google bietet auch in Bezug auf RSS-Feeds einen besonderen Dienst an. Mit iGoogle (www.igoogle.de) können Sie sich nach der Erstellung eines Google-Kontos eine personalisierte Google-Startseite erstellen, in die Sie beliebig viele RSS-Feeds einbinden und diese übersichtlich verfolgen können.

5.4.2.4 Twitter-Nachrichten abonnieren

Abbildung 5.15: Twitter-Logos

Twitter (**www.twitter.com**) ist ein kostenloser Mikroblogging-Dienst, der im Jahr 2006 entstand. Der Name Twitter kommt aus dem Englischen und bedeutet „Gezwitscher". Das Informationsnetzwerk Twitter wird von Privatpersonen, Unternehmen, Organisationen und Massenmedien genutzt, um kurze Textnachrichten im Internet zu verbreiten. Die Beiträge werden als „Tweets" bezeichnet und sind auf 140 Zeichen begrenzt.

Um Twitter als Push-Medium zu nutzen, das heißt wenn Sie sich automatisch über neue, für Sie interessante Twitter-Nachrichten informieren lassen möchten, ist das Anlegen eines Benutzerkontos auf Twitter erforderlich. Nach der erfolgreichen Anmeldung können Sie auswählen, von welchen Autoren Sie Beiträge abonnieren möchten. Somit können Sie z.B. die Twitter-Nachrichten Ihrer Konkurrenten verfolgen. Die abonnierten Tweets werden Ihnen in Echtzeit in einer abwärts chronologisch sortierten Liste, der so genannten „Timeline" angezeigt. Nutzer, die Beiträge abonniert haben, werden als „Follower" bezeichnet.

Wenn Sie bei Twitter kein eigenes Benutzerkonto erstellen möchten, können Sie auch jederzeit bei Bedarf aktuelle Tweets zu einem bestimmten Thema nachlesen, in dem Sie den gewünschten Suchbegriff unter http://twitter.com/search in die Suchmaske eingeben.

Um herauszufinden, ob Ihre Konkurrenten ein eigenes Twitter-Profil haben, geben Sie entweder www.twitter.com/unternehmensname in Ihren Browser ein oder Sie rufen die Webseite Ihres Konkurrenten auf. Ist ein Unternehmen auf Twitter aktiv, werden Sie dort einen Hinweis, normalerweise einen Link in Form des Twitter-Logos finden. Folgen Sie diesem Link, um zum Twitter-Profil zu gelangen.

Abbildung 5.16: Das Unternehmen Baumer auf Twitter http://twitter.com/baumergroup

Unternehmen setzen Twitter als Marketing- und Marktforschungsinstrument ein. Es dient als Informations- und Kommunikationsmedium, z.B. um über eigene

Produkte und Dienstleistungen zu informieren. Über den Mikroblogging-Dienst werden Multiplikatoren und insgesamt ein breites Publikum erreicht. Dies schafft Reichweite im Bereich Social Media und kann auch dazu beitragen, mehr Besucher auf die eigene Homepage zu führen.

Da Twitter von Unternehmen nicht vorrangig als klassisches Werbemedium genutzt wird, sondern den Lesern einen Mehrwert bieten soll, werden Sie über diese Quelle nicht nur Informationen über Ihre Konkurrenzunternehmen, sondern auch Branchen- und allgemeine Produktinformationen gewinnen können. Weiterhin trägt die erzwungene Kürze von Twitternachrichten zur effizienten Informationsversorgung bei.

5.4.2.5 Websites der Wettbewerber und online-Aktivitäten überwachen

Im Zuge einer Konkurrenzanalyse ist heutzutage eine Betrachtung von Websites der Wettbewerber sowie deren online-Aktivitäten unumgänglich. Dies können Sie manuell erledigen, indem Sie in regelmäßigen Abständen die Websites Ihrer Wettbewerber besuchen und auf Änderungen hin überprüfen. Diese Methode ist jedoch nicht nur zeitaufwändig sondern auch wenig effizient. Immerhin müssten Sie die Websites Ihrer Wettbewerber so detailliert kennen, um jede Änderung problemlos zu identifizieren. Überlassen Sie diese Arbeit Ihrem Computer und nutzen Sie die dafür entwickelten Tools. So können Sie sich auf das Wesentliche konzentrieren: die Auswertung und Interpretation der gesammelten Daten.

Traffic Ranking: Alexa.com

Der Online-Dienst Alexa, ein Tochterunternehmen von Amazon, sammelt Zugriffsdaten über Websites und stellt diese als Statistiken dar. Verfügbar sind eine kostenfreie Standardversion sowie eine erweiterte Bezahlversion. Die gesammelten Daten stellen den Traffic einer Website dar. Es handelt sich hierbei jedoch nicht um 100-prozentig belastbaren Zahlen – sie sind eher als Tendenz vor allem im Verlauf einer längeren Beobachtung zu interpretieren.

Entscheidend für die Popularität einer Website ist der Alexa Rank. Um diese Kennzahl zu generieren werden die eine Million meistbesuchten Webseiten ermittelt. Die Anzahl der Besuche einer Website wird mit den anderen Webseiten ins Verhältnis gesetzt und von 0 bis 50.000 bewertet.

Angezeigt werden die Kennzahlen mittels der Alexa Toolbar. Diese Symbolleiste kann in jeden gängigen Browser integriert werden. Neben des Traffic Rankings wird beispielsweise die Anzahl der externen Links angezeigt.

Bei der Verwendung von Alexa sollte Ihnen bewusst sein, dass Ihr Surfverhalten nicht anonymisiert ist. Das Unternehmen weist in seinen Datenschutzhinweisen ausdrücklich darauf hin.

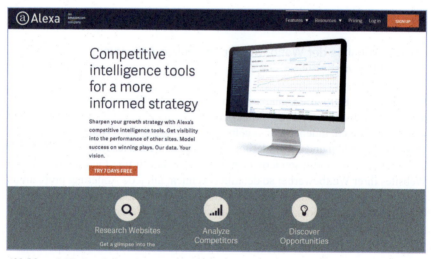

Abbildung 5.17: Der Online-Dienst Alexa.com

Updates und Änderungen: WebSite-Watcher.com

Betreiben Sie mit Hilfe professioneller Tools ein systematisches Monitoring über Updates sowie Änderungen der Websites Ihrer Wettbewerber. Dies spart Ihnen Zeit und gewährleistet, dass Sie keine wichtigen Informationen verpassen.

Die Software WebSite-Watcher prüft Websites automatisch auf Updates und Änderungen. Neben Internet-Seiten können Sie passwort-geschützte Seiten, Diskussionsforen, RSS-Feeds und Newsgroups prüfen. Auch PDF/Word/Excel-Dokumente, binäre Dateien (z.B. zip oder exe Dateien) sowie lokale Dateien können Sie überwachen.

Mit dem WebSite-Watcher können Sie auch festlegen was wann geprüft werden soll. So können Sie beispielsweise Inhalte anhand eines Filters auch ignorieren. Änderungen der geprüften Websites werden zur besseren Übersicht markiert. Sollten Sie nur an bestimmten Themen oder Schlagworten interessiert sein, können Sie eine Website auf bestimmte Wörter überwachen. Natürlich können Sie auch ganze Internetangebote statt einzelner Seiten prüfen (z. B eine Startseite mit allen Unterseiten).

Das "wann" bestimmen Sie, indem Sie eine Manuelle Prüfung, eine Automatische Prüfung oder eine Automatisierung der Prüfung mit der integrierten Script-Sprache wählen. Bei der Manuellen Prüfung verwenden Sie den "Prüfen"-Button. Für die Automatische Prüfung verwenden Sie den "AutoWatch-Modus". Hier legen Sie fest, wann und wie oft ein Bookmark geprüft werden soll. Die Automatisierung der Prüfung mit der integrierten Script-Sprache verwenden Sie, wenn Sie unterschiedliche Aufgaben ausführen möchten ohne die jeweiligen Funktionen manuell ausführen zu müssen. Diese Aufgaben können sich zusammensetzen aus: Bookmarks prüfen, einen Report erstellen und danach per Email versenden.

Abbildung 5.18: Mit dem Website-Watcher überwachen Sie Updates und Änderungen der Websiten Ihrer Wettbewerber. www.aignes.com/de/

6 Was Sie über Ihren Wettbewerb wissen sollten

Für die langfristige Sicherung des Markterfolges sind gute Informationen über die Konkurrenz unerlässlich. Dabei sollten gegenwärtige, aber auch potenzielle Konkurrenten berücksichtigt werden. Wer gegen den Wettbewerb bestehen oder Wettbewerber verdrängen will, muss seine Ziele und Strategien genau kennen. Sie benötigen das Wissen über eigene Stärken und Schwächen sowie die der Konkurrenz. Sie benötigen aktuelle Informationen über Preise und Leistungen von Produkten und Dienstleistungen. „Hard facts" statt Bauchentscheidungen sind gefragt.

Welche Informationen der Konkurrenz werden benötigt?	
1. Preisgestaltung	79 %
2. Produktplanung	52 %
3. Werbestrategie	49 %
4. Kostenstruktur	47 %
5. Umsatzzahlen	46 %
6. F&E	41 %
7. Design	31 %
8. Produktionsverfahren	30 %
9. Patente	22 %
10. Finanzierungspraxis	20 %
11. Management-Entlohnungspraxis	20 %

Abbildung 6.1: Ranking gemäß einer Befragung in den USA (Quelle: Harvard Manager)

Sie haben unterschiedliche Wettbewerber. Einige sind direkt mit Ihnen vergleichbar, andere nur in Teilbereichen. Die nachfolgende Systematik hilft Ihnen, die für Ihr Unternehmen relevanten Informationsfelder herauszufinden. Der erste Schritt besteht darin, festzulegen, welche Konkurrenten Sie analysieren und beobachten wollen.

1. **Identifizieren der Wettbewerber**
   - Welche Konkurrenten sollen überwacht werden?
   - Stufen Sie Ihre Hauptwettbewerber nach folgenden Kriterien ein:
     - Derzeitige direkt zu vergleichende Konkurrenten mit großer Überlappung bei der Produktpalette und bei Dienstleistungen
     - Derzeitige direkt zu vergleichende Konkurrenten mit großer Überlappung bei Zielgruppen und Ländern
     - Konkurrenten in Teilbereichen der Produktpalette und Marktbearbeitung
     - Anbieter mit Substitutionsprodukten
     - Potenzielle Konkurrenten: Firmen die Konkurrenten werden können

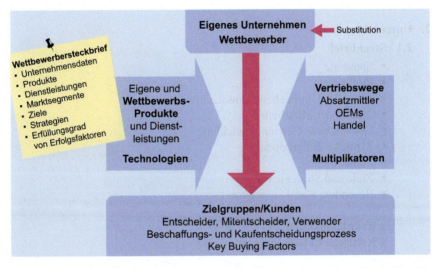

Abbildung 6.2: Identifizieren und klassifizieren Sie Ihre Wettbewerber. Berücksichtigen Sie nicht nur das Produkt- und Dienstleistungsangebot sondern auch, ob Sie in den selben Zielgruppen aktiv sind und um die selben Aufträge kämpfen.

Klassifikation nach Strategie und Marktposition
- Marktanteile
- Marktführer (Umsatz, Absatz)
- Innovationsführer (First to market)
- Angreifer/Herausforderer (z. B. asiatische Anbieter)
- Preisführer (Kostenführer)
- Aktiver Verfolger (Fast Follower)
- Mitläufer
- Nischenanbieter

Legen Sie fest, welche der nachfolgenden Informationen Sie über Ihre Wettbewerber benötigen. Beachten Sie dabei, welche Informationen Sie oder Ihre internen Kunden tatsächlich benötigen; ggf. auch, wofür sie genutzt werden.

2. **Unternehmen**
    2.1 **Steckbrief**
    - Standorte
    - Rechtsform
    - Aktueller Umsatz bzw. Umsatzentwicklung
    - Anzahl der Mitarbeiter
    - Gewinn bzw. Gewinnentwicklung
    - Typische Zielgruppen
    - Marktanteile
    - Ziele und Strategien
    - Besondere Kernkompetenzen

    → **Kernfähigkeiten**
    → **Kritische Erfolgsfaktoren**

    2.2 **Organisationsstruktur**
    - Eigentumsverhältnisse
    - Konzernzugehörigkeit
    - Geschäftsbereiche
    - Beteiligungen
    - Kooperationen

    → **Organisatorische Stärken**

2.3 Management
- Manager-Persönlichkeiten
- Führungskultur

→ **Management-Stärke**

2.4 Mitarbeiter
- Qualifikation
- Motivation

→ **Mitarbeiterstärke**

2.5 Kostenstruktur
- Bilanz, GuV-Rechnung
- Gewinn bzw. Cash-Flow
- Umsatzrendite
- Kreditwürdigkeit
- Investitionsvolumen
- Eigenkapitalquote
- Pro-Kopf-Umsatz
- Aktienkurs (zeitl. Verlauf)

→ **Kapitalstärke**

2.6 Produktion
- Produktionsstätten
- Ausstattung und Modernisierungsgrad
- Anzahl der Mitarbeiter
- Fertigungstiefe
- Produktionsverfahren
- Besonderes Produktions-Know-how

→ **Produktionsstärke**

2.7 Forschung und Entwicklung

- Ausstattungsgrad
- Anzahl der Mitarbeiter
- Time-to-Market
- Forschungs- und Entwicklungsaufwand
- Besonderes F&E-Know-how
- Patente
- Engagement Normungsgremien/Verbände

→ **F&E-Stärke**

2.8 Vertrieb

- Vertriebsregionen
- Vertriebswege
- Organisation, z.B. KAM, ADM, HV
- Anzahl an Vertriebsmitarbeitern
- Inlandstöchter, Vertretungen
- Auslandstöchter, Vertretungen

→ **Vertriebsstärke Inland**
→ **Vertriebsstärke Rest-Europa**
→ **Vertriebsstärke Asien**
→ **Vertriebsstärke USA**

2.9 Serviceleistungen

- Angebot
- Internationalisierungsgrad

→ **Servicestärke**

2.10 Beschaffung

- Globalisierung
- Hauptlieferanten

→ **Beschaffungsstärke**

3. **Produktangebot**
   - Übersicht
   - Hauptumsatzträger, Schlüsselprodukte
   - Position von Schlüsselprodukten im Produkt-Lebenszyklus
   - Produkte-Vergleich
     - Technik, Funktionen, Leistungsmerkmale
     - Erfüllungsgrad von Key Buying Factors
     - Stärken und Schwächen
     - Geschätzte Herstellkosten
   - Typische Produktqualität
   - Genutzte Technologien
   - Besondere Zulassungen
   - Patente/Schutzrechte

   → **Stärke einzelner Produkte**

4. **Dienstleistungsangebot**
   - Beratung
   - Engineering
   - Lieferzeit
   - Dokumentationen
   - Gewährleistungszeit

   → **Dienstleistungsstärke**

5. **Preise und Preisverhalten**
   - Preispositionierung
     - High-end
     - Middle-Range
     - Low-cost
   - Preisverhalten
   - Rabattgefüge
   - Position im Preis-Leistungs-Diagramm

   → **Preisstärke nach z.B. Produkten**

6. **Marktposition**
   - Markenstärke
   - Marktsegmente und Zielgruppen
   - Branchenschwerpunkte
   - Marktanteile
   - Wichtige Schlüsselkunden

   → **Marktposition**

7. **Marketing und Kommunikation**
   - Internetauftritt
   - Einschätzung der Printmedien
   - Messeauftritt
   - Verkaufsförderung
   - Werbung
   - PR

   → **Kommunikationsstärke**

8. **Ziele und Strategien**
   - Unternehmensstrategie
   - Produktstrategie
   - Entwicklungsstrategie
   - Produktionsstrategie
   - Vermarktungsstrategie

9. **Typisches Reaktionsprofil**

Regional tätig	←→	Global tätig
Innovativ	←→	Konservativ
Preisaggressiv	←→	„Macht nur Geschäfte, die sich rechnen"
Risikofreudig	←→	Risikoscheu
Investitionsfreudig	←→	Investitionsscheu
Flexibel	←→	Bürokratisch
Starke Kundenorientierung	←→	Schwache Kundenorientierung, usw.

10. Erfüllung der kritischen Erfolgsfaktoren (KFS)

- Markenstärke (z.B. Bekanntheitsgrad, Image)
- Produktstärke (z.B. marktgerecht, „State of the Art", komplett)
- Preisstärke (z.B. Kostenführer mit hohen Deckungsbeiträgen, günstigen Preisen)
- Kapitalstärke (z.B. Umsatz, Gewinn, Deckungsbeiträge)
- Vertriebsstärke (z.B. Anzahl der Vertriebsmitarbeiter, Marktdurchdringung)
- Marketingstärke (z.B. Prospekte, Internet, Messe)
- Dienstleistungsstärke (z.B. umfangreiches Dienstleistungsangebot)
- F&E-Stärke (z.B. Anzahl von F&E-Mitarbeitern in % vom Umsatz)
- Produktionsstärke (z.B. kostengünstige Massenfertigung)
- Managementstärke (z.B. erfolgreiche Managerpersönlichkeiten)
- Besondere Kernfähigkeiten (z.B. Top-Know-How …)
- Patente/Zulassungen (z.B. Anzahl nach Themen)

Im Anhang finden Sie eine erweiterte Version als Arbeitshilfe.

Unterscheiden Sie gegebenenfalls nach strategischen Geschäftseinheiten, wenn eine Gesamtbewertung des Wettbewerbsunternehmens nicht möglich ist.

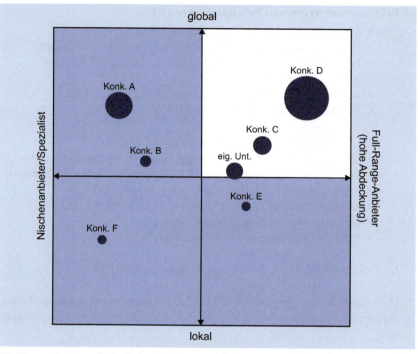

Abbildung 6.3: Darstellung der Marktposition anhand eines Polarogramms. Die Kreisgrößen entsprechen dem Umsatz im betrachteten Jahr. Das Diagramm zeigt auf, welche Wettbewerber wie stark global tätig sind, bzw. auf ein komplettes Produktprogramm setzen.

Fragen Sie den Informationsbedarf der verschiedenen Stakeholder in Ihrer Firma ab. Verzichten Sie auf Ballast-Informationen und unnötige Überfrachtung. Visualisieren Sie die Auswertungen in Grafiken.

Auf den vorangehenden Seiten aus Abschnitt 6 haben Sie Beispiele für Informationsfelder kennengelernt. Wählen Sie aus, welche davon für Ihre Analyse relevant sind. Die Ergebnisse lassen sich mit Hilfe eines Stärken/Schwächen-Diagramms übersichtlich darstellen. Im nachfolgenden Beispiel sind die Kriterien z.B. „Organisatorische Stärke" oder „Management-Stärke" untereinander gleich, d.h. mit „1" gewichtet.

Die Kriterien werden dann nach dem Erfüllungsgrad von -3 (= sehr schlecht) über 0 (= durchschnittlich) bis +3 (= sehr gut) bewertet. Sie verdeutlichen mit solchen Diagrammen, wo Sie besser oder schlechter als Ihr Wettbewerb abschneiden. Daraus leiten Sie Handlungsbedarf, bzw. Maßnahmen ab.

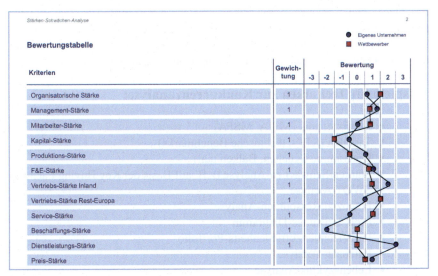

Abbildung 6.4: Das Stärken/Schwächen-Profil zeigt das Gesamtergebnis aus den oben angeführten Einzeleinschätzungen im Vergleich zum eigenen Unternehmen. Leiten Sie aus einer solchen Analyse Strategien und Maßnahmen gegen den Wettbewerb ab! Orientieren Sie sich an den kritischen Erfolgsfaktoren (KFS, Key Factors of Success).

7 Techniken zur Auswertung und Präsentation von Konkurrenzanalysen

7.1 Übersicht

Ergebnisse von Konkurrenzanalysen müssen für das Top-Management und für andere Nutzer im Unternehmen verdichtet und aufbereitet werden. Dazu ist es sinnvoll, Daten der Konkurrenz im Vergleich zu eigenen Daten darzustellen und diese zu visualisieren. Hierzu können Sie folgende Techniken verwenden:

Beispiele für Techniken zur Konkurrenzanalyse:

- Matrixtechnik (MSIA, MSPA)
- Tabellen (KPI's, technische Benchmarks)
- Diagramme (Kuchen, Balken u.a.)
- Stärken/Schwächen-Analyse (z.B. auf Basis der Key Buying Factors)
- SWOT-Analyse
- Potenzial/Ressourcen-Analyse
- Preis-Leistungs-Diagramm
- Preis/Kundenzufriedenheits-Portfolio
- Potenzial-Analyse
- Lebenszyklus-Analyse
- Marktwachstum/Marktanteil-Portfolio (BCG)
- Marktattraktivität/Wettbewerbsstärke-Portfolio (GE, McKinsey)
- Kundenattraktivität/Lieferantenposition-Portfolio
- Technikposition/Marktposition-Portfolio
- Netz-Darstellung
- Funktionen-Feature-Spiegel
- Leistungsdaten-Matrix
- Five Forces

Die wichtigsten Techniken werden im nachfolgenden Abschnitt erläutert.

7.2 Matrixtechnik

Die Matrixtechnik gehört zu den einfachsten Visualisierungstechniken. Mit ihrer Hilfe lassen sich Markt- und Wettbewerbsdaten übersichtlich in Beziehung zueinander stellen. Die Matrixtechnik eignet sich auch zur Darstellung der Ergebnisse von Marketing-, Vertriebs- und Strategie-Szenarien sowie -workshops, aus denen Konkurrenzinformationen gewonnen wurden. Die Ausprägung der einzelnen Kriterien innerhalb einer Matrix können Sie auf einer Skala von z.B. -3 bis +3 oder 1 bis 10 bewerten:

a) **Ist-Situation.** Markt-Segment-Ist-Analyse (MSIA). Wie ist die Konkurrenzsituation gegenwärtig?
b) **Zu erwartende Entwicklung.** Markt-Segment-Potenzial-Analyse (MSPA). Mit welcher Konkurrenzsituation rechnen wir in den nächsten 3 Jahren?

Beispiele für die Darstellung von Wettbewerbsverhältnissen mit Hilfe der Matrix-Technik

- Wettbewerber / Länder
  In welchen Ländern sind welche Wettbewerber wie stark vertreten?
- Länder / Marktanteile
  In welchem Land ist der Marktanteil welcher Konkurrenten wie hoch?
- Wettbewerberaktivitäten / Branchen
  In welchen Branchen sind welche Wettbewerber wie stark vertreten?
- Wettbewerber / Produkte
  Welche Wettbewerber bieten welche Produkte an?
- Produkte / Länder
  In welchen Ländern sind welche Produkte wie stark vertreten?
- Produkte / Branchen
  In welchen Branchen sind die Produkte wie stark vertreten?
- Produkte / Applikationen
  Welche Produkte sind für welche Applikationen wie gut geeignet?

Zusätzlich lässt sich fragen:

- Wie wird die zukünftige Entwicklung in der Kombination eingeschätzt, z.B. Wettbewerbsaktivitäten/Branchen?
- Wie groß ist das Potenzial, das noch genutzt werden kann, z.B. Branchen/Produkte oder Länder/Produkte?
- Wie schätzen wir unsere Chancen ein, eine noch stärkere Marktdurchdringung zu erreichen (z.B. Produkte/Länder)?
- Welche der uns bekannten Applikationen findet man in welchen Branchen? Wie stark ist die Konkurrenz, wie stark sind wir vertreten?
- Wo wollen wir zukünftig aktiver werden? Gegen welche Wettbewerber müssen wir uns dabei durchsetzen?

Indem Sie Wettbewerbsentwicklungen im Verlauf über mehrere Jahre aufzeigen, schaffen Sie Basisinformationen, um Strategien und Trends abzuleiten

	PC	Server	Laptop	Drucker	Sonstig. Zubehör	Mobile Kommunikation	Anwendungssoftware
Eigene Firma	+	+	+				
Dxx	+	+	+	+	+		
Vxx	+		+		+	+	
Gxx	+		+	+			
Hxx	+		+	+			

Abbildung 7.1: Matrix zur Ermittlung des Produktsortiments von ausgewählten Wettbewerbern. Welcher Wettbewerber bietet welche Produkte an? Die Überlappung in gleichen Produktsegmenten zeigt Substitutionsgefahren auf. Die o.g. Matrix ist stark vereinfacht dargestellt. Eine weitere Segmentierung der Produktgruppen in Produktarten und direkt vergleichbaren Produkten kann sinnvoll sein.

	Eig. Firma	Wettb. A	Wettb. B	Wettb. C	Wettb. D	Wettb. E	Wettb. F
Abwasser Endkunde	++	+	0	+		0	0
Abwasser Weiterverarbeiter	++	++	0	0	+		0
Wasseraufbereitung Endkunde	++	+		+	0	0	
Klein-/Mittel-Chemie	++	++			+	0	0
Großchemie	+	+		+	+	+	+
Getränke + Lebensmittel	0	0		0		0	0
Kraftwerk	+			+		0	++
Holz/Papier/Textil	+	0		+	+	+	+

Abbildung 7.2: Beispiel für eine Wettbewerbsübersicht segmentiert nach Zielgruppen. Die Zeichen (0 bis ++) geben jeweils die Einschätzung der aktuellen Marktposition an. In welchen Kundensegmenten ist welcher Wettbewerber wie stark vertreten?

7.3 Balken- und Kreisdiagramme

Vermeiden Sie, Tabellen mit umfangreichen Zahlenkolonnen zur Darstellung von Konkurrenzverhältnissen im Unternehmen zu veröffentlichen. Die grafische Darstellung von Umsatzzahlen, Umsatzentwicklungen, Marktanteilen usw. bringt bei Präsentationen, Diskussionen und Besprechungen deutlich mehr Verständlichkeit und Übersichtlichkeit. „Ein Bild sagt mehr als 1000 Worte".

Visualisieren Sie die Ergebnisse der Konkurrenzanalyse.

7.4 Stärken/Schwächen-, Chancen/Gefahren- und Potenzial/Ressourcen-Analyse

Die Stärken/Schwächen-Analyse zählt zu den wichtigsten Instrumenten der Konkurrenzanalyse und der strategischen Planung.

Aus Stärken/Schwächen-Profilen lassen sich im Vergleich mit verschiedenen Wettbewerbern für wichtige Produkte oder Produktgruppen, deren Stärken und Schwächen im Gesamtzusammenhang erkennen. Aus dem Vergleich mit Wettbewerbsunternehmen und seinen Hauptumsatzträgern können Sie Strategien, werbliche Argumentationen, Maßnahmen und Aktivitäten ableiten.

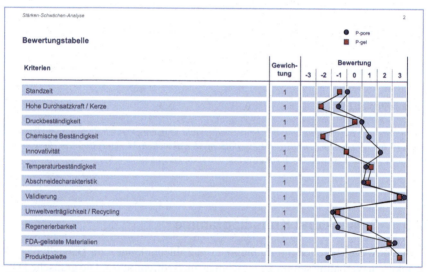

Abbildung 7.3: Mit Hilfe von Stärken/Schwächen-Profilen können Sie Unterschiede Ihrer Produkte zum Wettbewerb aufzeigen. Daraus lassen sich Argumente gegen Wettbewerber ableiten. Ebenso können Sie den Fortschritt des neuen Produkts im Vergleich zum Vorgängerprodukt darstellen. Das Beispiel zeigt den Erfüllungsgrad von kaufentscheidenden Kriterien (Kundenanforderungen) im Vergleich zum Wettbewerbsprodukt.

Stärken/Schwächen-Profile können erarbeitet werden:

a) **Von einzelnen Mitarbeitern**
   (Wie sieht der einzelne Mitarbeiter das Unternehmen?)
b) **In der Gruppe** (Workshop)
c) **Von Lieferanten**
   (Welches Image hat das Unternehmen bei seinen Lieferanten?)
d) Wenn ein entsprechendes Vertrauensverhältnis zu Wettbewerbern besteht,
   von einzelnen Personen des Wettbewerbs (Wie sieht uns der Wettbewerb?)
e) **Von Kunden** (Wie beurteilen Kunden das Unternehmen?)

Vergleichen Sie die Ergebnisse der eigenen Einschätzung mit denen der Kunden. So decken Sie Unterschiede zwischen den eigenen Vorstellungen und dem tatsächlichen Image beim Kunden auf. Das Verfolgen von Stärken/Schwächen-Profilen über einen Zeitraum von mehreren Jahren lässt die Entwicklung von Konkurrenten, Geschäftseinheiten und Produkten erkennen.

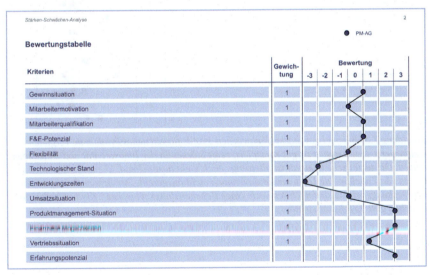

Abbildung 7.4: Beispiel eines Stärken/Schwächen-Profils zur Unternehmenssituation. Schwächen im Bereich Entwicklungszeiten, Mitarbeitermotivation, und Flexibilität sind klar erkennbar. Das Produktprogramm ist in Bezug auf die verwendeten Technologien überaltert.

Die Stärken/Schwächen-Analyse gibt Ihnen Hinweise, wo Sie kurzfristig eigene Stärken zu Marktvorteilen umzusetzen können und welche eigenen Schwächen Sie mittelfristig abbauen sollten.

Aus Stärken/Schwächen-Analysen lassen sich u.a. ableiten:
- Produktpflegemaßnahmen
- Marktbezogene Maßnahmen
- Argumente für eigene Produkte und Dienstleistungen

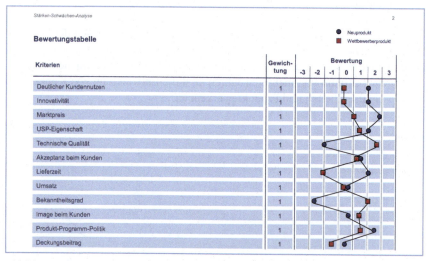

Abbildung 7.5: Beispiel des Stärken/Schwächen-Profils für ein neues Produkt im Vergleich zum Wettbewerb. Das Produkt ist gut konzipiert, zeigt Stärken in der Innovativität und im Kundennutzen. Die technische Qualität ist allerdings noch nicht ausreichend. Ebenso fehlen noch Optionen und Zubehör. Die Dokumentation ist noch nicht ausgereift. Der Bekanntheitsgrad sowie der Deckungsbeitrag sind noch schwach. Nach Beheben dieser typischen „Kinderkrankheiten" bestehen gute Erfolgsaussichten.

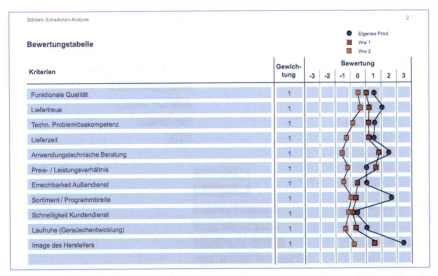

Abbildung 7.6: Beispiel der Stärken/Schwächen-Analyse eines Herstellers in der Antriebstechnik für ein Motorgetriebe (Kreise) sowie für die zwei stärksten Wettbewerber (Quadrate).

7.5 Potenzial-Analyse

Aus der Stärken/Schwächen-Analyse gewinnen Sie wertvolle Hinweise, bei welchen Erfolgskriterien Sie besser, gleich oder schlechter abschneiden als die Konkurrenz.

Besonders signifikant sind die deutlichen Unterschiede zu Ihrem stärksten Wettbewerber. Ihre größten Stärken gegenüber diesem Wettbewerber können Sie als Chancen nutzen. Bei den größten Schwächen besteht die Gefahr, dass sich Ihr Wettbewerber daraus Marktvorteile verschafft. In der Potenzial-Analyse zeigen Sie diese Unterschiede übersichtlich auf und schaffen die Basis für Verbesserungsmöglichkeiten. Die Potenzial-Analyse können Sie auch als Basis der nachfolgenden SWOT-Analyse nutzen.

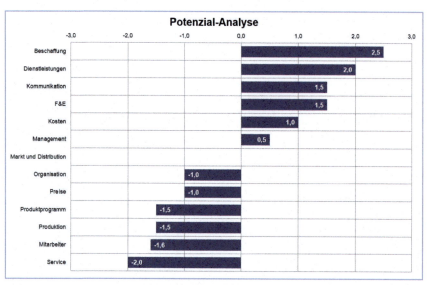

Abbildung 7.7: Die Potenzial-Analyse zeigt Stärken (oben) und Schwächen (unten) gegenüber Ihrem stärksten Wettbewerber auf.

7.6 SWOT-Analyse

Die SWOT-Analyse (SWOT = Strengths, Weaknesses, Opportunities, Threats) unterstützt Sie beim Product Life Cycle Management für Ihr Produkt bzw. Ihr Produktprogramm.

Halten Sie mit Hilfe der SWOT-Analyse fest, welche Stärken und Schwächen Ihr Produkt aktuell aufweist (z.B. im Vergleich zu Wettbewerbsprodukten) und welche externen Chancen und Gefahren den Erfolg Ihres Produktes begünstigen oder gefährden.

Leiten Sie dann aus der SWOT-Analyse den entsprechenden Handlungsbedarf für Ihr Produkt ab.

7 | Techniken zur Auswertung und Präsentation von Konkurrenzanalysen

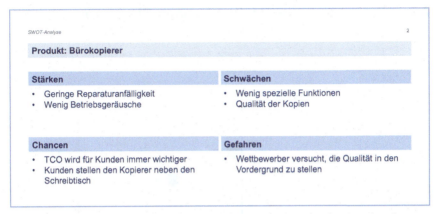

SWOT-Analyse	2
Produkt: Bürokopierer	

Stärken	Schwächen
• Geringe Reparaturanfälligkeit • Wenig Betriebsgeräusche	• Wenig spezielle Funktionen • Qualität der Kopien

Chancen	Gefahren
• TCO wird für Kunden immer wichtiger • Kunden stellen den Kopierer neben den Schreibtisch	• Wettbewerber versucht, die Qualität in den Vordergrund zu stellen

Abbildung 7.8: Die SWOT-Analyse hilft Ihnen aus den Stärken und Schwächen die adäquaten Chancen und Gefahren/Risiken und daraus den Handlungsbedarf (=Aktivitäten) abzuleiten.

SWOT-Analyse			3
Maßnahmen für: Bürokopierer			
Nr.	Maßnahme	Verantwortlich	Start	Ende
1.	Geringe Folgekosten am TCO-Beispiel herausstellen			
2.	Anwender im Verkaufsprozess davon überzeugen, dass dieser Kopierer den Arbeitsplatz angenehmer macht			
3.	Argumentation: „Der robuste Flüsterkopierer" in Marketing und Vertrieb kommunizieren			

Abbildung 7.9: Beispiel für die Ableitung von Aktivitäten aus der SWOT-Analyse.

Der Stärkere ist als solcher noch lange nicht der Bessere.
Carl Jacob Burckhardt

7.7 Preis-Leistungs-Positionierungs-Diagramm

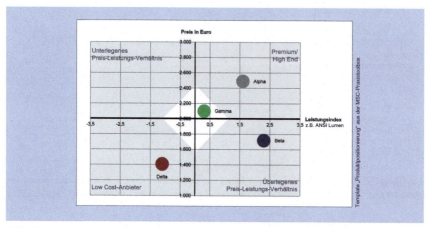

Abbildung 7.10: Beispiel für die Darstellung der Preis-Leistungs-Positionierung von Beamern Ausschnitt. Verglichen wurde der Listenpreis (in €) mit der maximalen Helligkeit (ANSI-Lumen) auf der Skala von "-3 ... bis +3". Als "0" wurde die durchschnittliche Helligkeit aller betrachteten Beamer definiert.

Mit Hilfe des Preis-Leistungs-Diagramms schaffen Sie einen Überblick über die Preis-Leistungs-Positionierung verschiedener Anbieter im Vergleich zu Ihrem Produkt. Sie erkennen. ob Sie sich geschickt positioniert haben, z.B. unterlegenes oder überlegenes PL-Verhältnis.

Wer ist Low Cost-Anbieter und wer befindet sich im Premium-Segment? Außerdem identifizieren Sie Lücken in Ihrem Produktprogramm, sollten Sie unterschiedliche Leistungsvarianten anbieten. Die Preis-Leistungs-Positionierung lässt sich zum Ableiten von Verbesserungsmaßnahmen sehr gut mit der SWOT-Analyse verknüpfen.

7.8 Produktlebenszyklus-Analyse

Der Lebenslauf eines Produktes läuft nach typischen Phasen ab:

- Einführungsphase
- Wachstumsphase
- Reifephase
- Marktsättigungsphase
- Marktrückgangsphase
- Elimination/Outphasing

Die Dauer eines Lebenszyklus kann sehr unterschiedlich sein, z.b. im Maschinenbau 8 bis 12 Jahre, bei PKWs 6 Jahre, bei elektronischen Steuerungen ca. 4 Jahre oder bei Mobiltelefonen und Smartphones ca. 1 bis 2 Jahre. Der Lebenszyklus wird durch die Zeitdauer definiert, in der Sie Ihr Produkt verkaufen können, bis Sie in ein Redesign oder in die Entwicklung eines neuen Produktes investieren müssen.

Anhand des Lebenszyklus können Sie grob erkennen, wann es für Ihren Wettbewerber Zeit ist, ein Nachfolgeprodukt auf den Markt zu bringen.

Schätzen Sie bei den Hauptumsatzträgern Ihrer Konkurrenz ein, in welcher Phase sich das jeweilige Produkt befindet. So erhalten Sie Hinweise darauf, wann Sie möglicherweise mit Nachfolgeprodukten rechnen müssen. Je nachdem in welcher Phase sich Ihre eigenen Produkte befinden, sollten Sie Ihre Aktivitäten darauf abstimmen.

7 | Techniken zur Auswertung und Präsentation von Konkurrenzanalysen

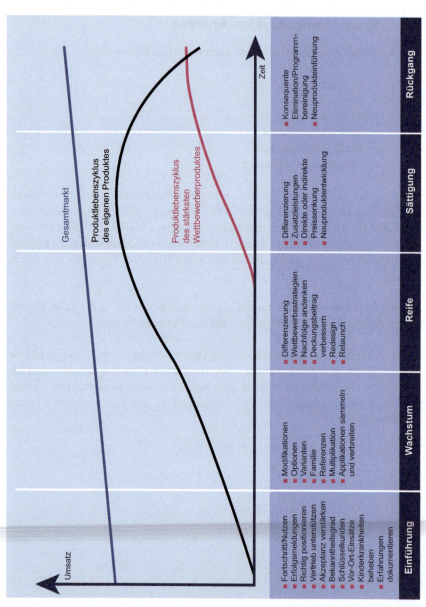

Abbildung 7.11: Produktpolitische Aktivitäten in den einzelnen Lebensphasen. Die Kurven zeigen, dass das eigene Produkt sehr stark vom Wettbewerberprodukt substituiert wurde.

7.9 Portfolio-Methode

Die Portfolio-Methode ist ein modernes Denkschema der Konkurrenzanalyse und der Unternehmensführung. Ursprünglich wurde die Portfolio-Methode zur optimalen Zusammenstellung von Aktienpaketen entwickelt. Seit Mitte der 70er Jahre wird sie verstärkt in der Industrie zur Unterstützung von Entscheidungen über die optimale Verteilung von Ressourcen für Entwicklungs- und Marketingaktivitäten eingesetzt.

Portfolio-Analysen sind unentbehrliche Werkzeuge zur strategischen Planung. Die Portfolio-Methode sollte aber nie als alleinige Grundlage für strategische Entscheidungen eingesetzt werden. Erst die Kombination mit anderen Instrumenten, z.b. der Stärken/Schwächen-Analyse, bringt die erforderliche Sicherheit.

Für Anwendungen in der Investitionsgüterindustrie sind u.a. sinnvoll:
- Marktattraktivität/Wettbewerbsstärke-Portfolio
- Marktwachstum/Marktanteil-Portfolio (mit Einschränkung)
- Marktattraktivität/Entwicklungspotenzial-Portfolio
- Technologieattraktivität/Ressourcenstärke-Portfolio
- Technologiechancen/Marktchancen-Portfolio
- Technikposition/Marktposition-Portfolio
- Kundenattraktivität/Lieferantenposition-Portfolio

Im Mittelpunkt der Betrachtung steht das Zusammenfügen von einzelnen Analysemerkmalen zu einem Ganzen, d.h. für Produkte des Gesamtunternehmens, einer strategischen Geschäftseinheit (SGE) oder seiner Produktgruppen. Die Einzeldaten für die Koordinaten stammen aus der Stärken/Schwächen-Analyse.

Man geht davon aus, dass die auf der X-Achse aufgetragenen Größen (z.B. Wettbewerbsstärke) vom eigenen Unternehmen beeinflussbar sind, während etwa die Marktattraktivität auf der Y-Achse gegebene Größen sind, die durch eigene Aktivitäten nicht oder kaum veränderbar sind.

Entwickeln eines Marktwachstum/Marktanteil-Portfolios:

1. Legen Sie fest, welche Produkte, bzw. Produktgruppen betrachtet werden sollen. Um effizient zu arbeiten, entscheiden Sie sich nur für strategisch bedeutsame Produkte, sowie Produkte mit einem entsprechend großen Umsatz-

volumen. Das Gesamtumsatzvolumen der betrachteten Produkte sollte in der Summe etwa 60-70 % des Gesamtunternehmens, bzw. einer SGE betragen.

2. Bestimmen Sie die Marktanteile der zu betrachtenden eigenen Produkte, sowie der vergleichbaren Produkte der zwei stärksten Wettbewerber. Das eigene oder Wettbewerbsprodukt mit dem größten Marktanteil wird zu 100 % gesetzt. Alle anderen Produkte werden dann auf diese 100 % bezogen.

Es ist auch üblich, die absoluten Marktanteile aufzutragen (ohne Relativierung zum stärksten Produkt). Sie ersparen sich damit die Umrechnung zu relativen Größen.

3. Bestimmen Sie das Marktwachstum in der betrachteten Zielgruppe. Hilfreich sind hier Prognosen von Verbänden, Wirtschaftsinstituten, Marktforschungsinstituten und branchenbezogene Statistiken.

4. Tragen Sie die Produkte als Kreise in das Diagramm Marktwachstum/ Marktanteil ein. Der Durchmesser des Kreises gibt die Umsatzgröße des Produktes wieder.

5. Entsprechend der einzelnen Felder können Sie die empfohlenen Strategien ablesen. Die Strategien setzen Sie in konkrete Produkt- und Marketingmaßnahmen um.

Ergänzen Sie das Ergebnis auf jeden Fall mit den Analysedaten anderer Instrumente!

Dog:
Dieses Produkt hat einen geringen Marktanteil und wird auf einem Markt mit geringem Wachstum verkauft. Ein typischer Vertreter dieser Gruppe ist ein Produkt, das sich im Produktlebenszyklus in der Rückgangsphase befindet.

Es ist angeraten, das Produkt aus dem Programm herauszunehmen. Investitionen für Produktverbesserungen oder zusätzliche Marketingaktivitäten sind unverhältnismäßig hoch.

Question Mark:
Produkte dieser Gruppe befinden sich auf einem Markt mit großem Wachstum, aber noch geringem Marktanteil. Entweder handelt es sich dabei um ein Produkt,

das erst kurze Zeit verkauft wird oder, wenn es schon mehrere Jahre auf dem Markt ist, nicht voll akzeptiert wird. Besteht eine gute Aussicht für das Produkt, einen höheren Marktanteil zu erkämpfen, sollte investiert werden. Ansonsten ist zu hinterfragen, warum der Marktanteil so gering ist. Liegt es an den Produkteigenschaften? An fehlenden USPs? An unzureichender Marktsegmentierung?

Star:
Stars sind Produkte mit hohem Marktanteil auf einem Markt mit einer hohen Wachstumsrate. Typische Vertreter sind neue innovative Produkte in der Wachstumsphase. Stars sind die Gewinnträger der Zukunft (als Cash cow). Obwohl der Profit aus diesen Produkten noch nicht sehr hoch ist, sollte investiert werden. Ergänzungen der Produktpalette sind sinnvoll. Weitere Anpassungen an neue Applikationen sowie weitere Optionen multiplizieren den Markterfolg. Die Marktposition sollte unbedingt gehalten oder sogar noch verbessert werden. Mit steigendem Marktanteil wird die Position gegenüber dem Wettbewerb zunehmend stärker. Die Marktführerschaft sollte angestrebt und ausgebaut werden.

Cash cow:
Produkte dieser Kategorie befinden sich auf einem nur schwach wachsenden oder sogar stagnierenden Markt. Diese Produkte sind häufig die Stars von gestern. Sie werfen Profit ab und schaffen die finanziellen Ressourcen für Neuentwicklungen. Cash cows sollten „gemolken" werden, d.h. möglichst keine Produktveränderungen mehr durchführen, aber den Marktanteil so gut es geht halten. Konzentrieren Sie sich auf die Entwicklung des Nachfolgeprodukts.

Das oben beschriebene Marktwachstum/Marktanteil-Portfolio ist nicht für jedes Unternehmen geeignet. Sollten Sie vergleichbare Produkte auf vergleichbaren Märkten finden, kann das o.g. Portfolio hilfreich sein. Bei Systemen und im Investitionsgüterbereich wenden Sie besser das Portfolio Marktattraktivität/Wettbewerbsstärke an.

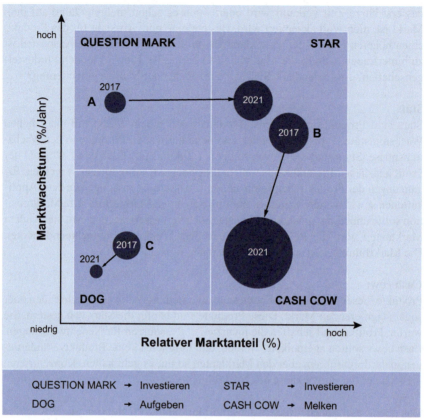

Abbildung 7.12: Beispiel für eine Marktwachstum/Marktanteil-Portfolio-Darstellung von drei Produktgruppen, A, B und C. Bei Produkt A handelt es sich um eine neue Maschine. Durch entsprechende Marktaktivitäten soll es innerhalb von 4 Jahren zum Star aufsteigen. Diese Zeitspanne wäre in der Computerindustrie oder Elektronik zu lang. Im Maschinenbau jedoch, mit mittleren Produktlebenszeiten von ca. 8 Jahren, wäre dies akzeptabel. Produkt B ist ein äußerst erfolgreiches Produkt, das „abgeschöpft" werden soll. Produkt C sollte nach weiterer Überprüfung aus dem Sortiment genommen werden.

Entwickeln eines Marktattraktivität/Wettbewerbsstärke-Portfolios

Dieses Portfolio wird mit einer ähnlichen Methodik wie das Marktwachstum/Marktanteil-Portfolio aufgebaut. Die Kriterien für die Marktattraktivität und Wettbewerbsvorteile sind unternehmens-, produkt- und marktspezifisch festzulegen. Es ist deshalb sehr sinnvoll, auf der Grundlage des Stärken/Schwächen-Profils eine individuelle Kriterienliste aufzustellen. Während beim Marktwachstum nur das Wachstum in Prozent berücksichtigt wird, zählen zur Marktattraktivität neben dem Wachstum z.B. auch Marktgröße, Markteintrittsbarrieren, geographische Lage, Infrastruktur, Investitionskraft usw. In den meisten Fällen ist das Marktattraktivität/Wettbewerbsstärke-Portfolio dem Marktanteil/Marktwachstum-Portfolio vorzuziehen, da sie die Verhältnisse treffender beschreibt.

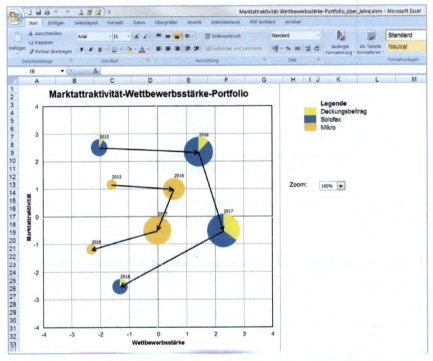

Abbildung 7.13: Beispiel: Marktattraktivität/Wettbewerbsstärke-Portfolio. Mit Hilfe von Stärken/Schwächen-Analysen der Marktattraktivität und der Wettbewerbsstärke wird die Position der einzelnen Produkte bestimmt. Quelle: MSC Toolbox für Produktmanager, MSC Management Seminar Center GmbH. Mit den Excel-Templates können Sie bei verschiedenen Portfoliomethoden "per Klick" Diagramme und Beziehungen herstellen. Ebenfalls per Klick lassen sich die Diagramme von Excel in PowerPoint exportieren. Dort können sie weiterbearbeitet und in Präsentationen integriert werden.

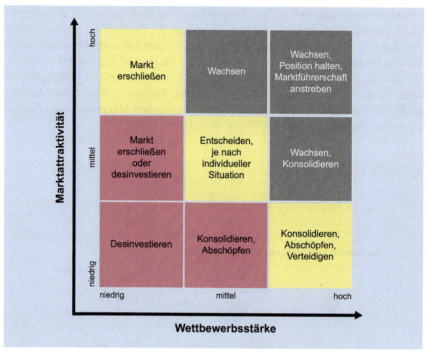

Abbildung 7.14: Normstrategien zu den Produkten in den Feldern des Marktattraktivität/Wettbewerbsstärke-Portfolios

Erarbeiten von Wettbewerbsstrategien mit Hilfe der Portfolio-Technik

Mit Hilfe der Portfolio-Technik lassen sich Wettbewerbs- und Produkt-Markt-Strategien erarbeiten. Auch hier ist es wichtig, zur Ergänzung noch weitere Instrumente der Analyse einzubeziehen.

1. Legen Sie die zu betrachtende strategische Geschäftseinheit bzw. die Produktgruppe fest. Definieren Sie weiterhin, um welche Zielgruppe und welchen geographischen Markt es sich handelt (Inland, Europa?).

2. Definieren Sie die Kriterien für die Marktattraktivität und Wettbewerbsstärke. Bewerten Sie die eigenen und die strategischen Produkte des Wettbewerbs.

3. Entwickeln Sie aus der Bewertung die Ist-Portfolios.

4. Leiten Sie die Normstrategien ab.

5. Erstellen Sie Ziel-Portfolios für eigene Produkte. Wo sollen die Produkte in beispielsweise 3 Jahren auf dem Markt im Vergleich zum Wettbewerb stehen?

6. Setzen Sie die Normstrategien in konkrete produkt- und marktbezogene Maßnahmen um. Halten Sie Marketing-Mix-Aktivitäten in einer Übersicht fest.

7. Erstellen Sie einen Zeit- und Kostenplan für die Durchführung.

8. Kontrollieren Sie den Erfolg der durchgeführten Maßnahmen an Hand der Ist- und Ziel-Portfolios. Schätzen Sie dabei auch die Entwicklung der Konkurrenz, deren Absichten und Ziele ein.

Für Technologie-Produkte kann es sinnvoll sein, neben den Markt- und Wettbewerbsbetrachtungen die Technologie-Attraktivität und die eigene Ressoucenstärke mit einzubeziehen. Aus der Synthese von Technologie-Portfolios mit Markt-Portfolios entstehen sehr treffende Gesamtbetrachtungen, die Chancen von Technologie und Markt widerspiegeln. Der Umgang mit diesen komplexen Gebilden erfordert Übung und methodische Unterstützung. Da man davon ausgehen kann, dass nicht jeder, der an betriebsinternen Produktplanungs-Besprechungen teilnimmt, mit diesen Instrumenten vertraut ist, sollte man sich im ersten Schritt auf die einfachen Portfolios beschränken.

PC-gestützte Tools

Zur automatischen Erstellung von Portfolio-Diagrammen empfiehlt sich Excel. In der Toolbox für Produktmanager der Firma MSC Management Seminar Center finden Sie Templates, mit denen Sie "automatisch" Portfoliodiagramme in Excel erstellen können. Die fertigen Portfoliodiagramme lassen sich in Power Point exportieren und können dort weiter bearbeitet werden und in z.B. Präsentationen eingebunden werden. Auch Personen, die nicht täglich mit Grafik- oder Tabellenkalkulations-Programmen arbeiten, können mit diesen Tools ohne Vorkenntnisse schnell und professionell Präsentationsvorlagen erstellen.

In vorbereiteten Templates werden die Daten eingegeben und darauf aufbauend wird automatisch das entsprechende Portfolio-Diagramm erzeugt. Zur Wahl stehen Wettbewerbsstärke/Marktattraktivität, Marktanteil/Marktwachstum sowie Marktattraktivität/Wettbewerbsstärke im Zeitverlauf. Formatierungen sind nicht erforderlich. Darüber hinaus können Sie die Kreise durch Kreissegmente ergänzen, durch die neben der Umsatzgröße (Fläche des Kreises) zusätzlich der Deckungsbeitrag aufgezeigt wird. Sie können die Diagramme sofort präsentationsreif ausdrucken oder in andere Dokumente einbinden. Dies spart Zeit und schafft einheitliche Vorlagen für überzeugende Präsentationen sowie rasche Entscheidungen. Wenn Sie aus Ihrer Portfoliodarstellung nur einen Teil benötigen, exportieren Sie das Diagramm einfach nach Powerpoint. Dort können Sie jedes Element (Grafik und Schrift) einzeln verändern oder in eine Präsentation einbinden.

7.10 Netzdarstellung

Die Darstellung von Wettbewerbsvergleichen als Netz ist eine Variante des Stärken/Schwächen-Profils. Der Vorteil: die gesamte Fläche eines Netzes kann bestimmt werden und als Vergleichsgröße dienen.

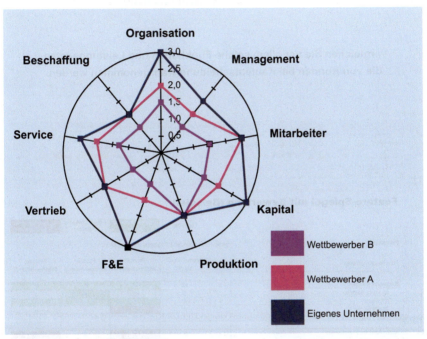

Abbildung 7.15: Arbeiten Sie Stärken und Schwächen Ihrer Wettbewerber in verschiedenen „Disziplinen" heraus. Falls Sie mehr als zwei Unternehmen vergleichen wollen, bietet sich die Netz-Darstellung zur optischen Präsentation an.

7.11 Feature-Spiegel und Leistungsdatenmatrix

Der Feature-Spiegel und die Leistungsdatenmatrix unterstützen Sie beim Vergleichen des eigenen Produktes mit Wettbewerbprodukten.
Beim Feature-Spiegel wählen Sie für Ihre typischen kundenrelevante Funktionen aus, die bei der Kaufentscheidung wichtig sind. Alle Funktionen, die Sie bes-

ser erfüllen als der Wettbewerb, sind grün gefärbt; bei Gleichheit gelb und bei schlechterer Erfüllung rot gefärbt. So generieren Sie einen schnellen Überblick, wo Ihre Stärken und Schwächen im Vergleich zu dem betrachteten Wettbewerb liegen.

Die Leistungsdatenmatrix funktioniert ähnlich. Nur hier arbeiten Sie mit konkreten Leistungsmerkmalen der zu vergleichenden Produkte.

> Vergleichen Sie vor allem solche Funktionen und Leistungsdaten, die von Kunden bei Kaufentscheidung wahrgenommen werden.

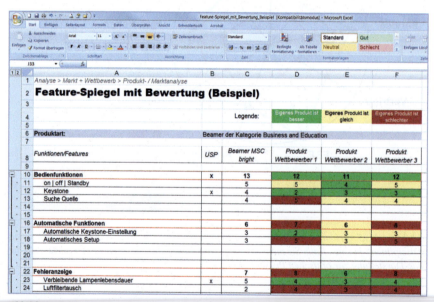

Abbildung 7.16: Feature-Spiegel mit Bewertung. Quelle: MSC Praxistoolbox für Produktmanager.

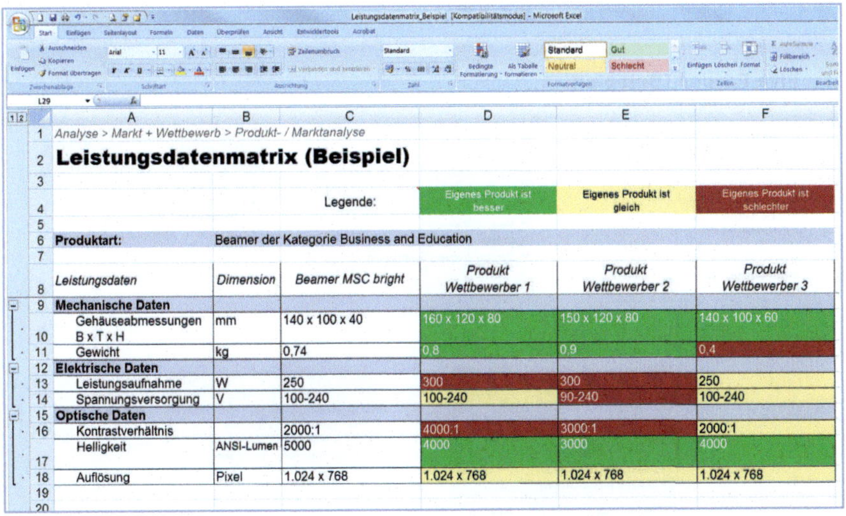

Analyse > Markt + Wettbewerb > Produkt- / Marktanalyse

Leistungsdatenmatrix (Beispiel)

Legende: Eigenes Produkt ist besser | Eigenes Produkt ist gleich | Eigenes Produkt ist schlechter

Produktart: Beamer der Kategorie Business and Education

Leistungsdaten	*Dimension*	*Beamer MSC bright*	*Produkt Wettbewerber 1*	*Produkt Wettbewerber 2*	*Produkt Wettbewerber 3*
Mechanische Daten					
Gehäuseabmessungen B x T x H	mm	140 x 100 x 40	160 x 120 x 80	150 x 120 x 80	140 x 100 x 60
Gewicht	kg	0,74	0,8	0,9	0,4
Elektrische Daten					
Leistungsaufnahme	W	250	300	300	250
Spannungsversorgung	V	100-240	100-240	90-240	100-240
Optische Daten					
Kontrastverhältnis		2000:1	4000:1	3000:1	2000:1
Helligkeit	ANSI-Lumen	5000	4000	3000	4000
Auflösung	Pixel	1.024 x 768	1.024 x 768	1.024 x 768	1.024 x 768

Abbildung 7.17: Leistungsdatenmatrix. Quelle: MSC Praxistoolbox für Produktmanager.

7.12 Five Forces

Die Branchenstruktur-Analyse "Five Forces" nach Porter hilft Ihnen, die aktuelle und zukünftige Attraktivität einer Branche oder eines Landes im Wettbewerbumfeld einzuschätzen. Sie dient als Grundlage, um Maßnahmen abzuleiten, die eigene Situation in der Branche bzw. im Land zu verbessern. Die Ergebnisse können auch im Rahmen der SWOT-Analyse zur Einschätzung der Chancen und Risiken verwendet werden.

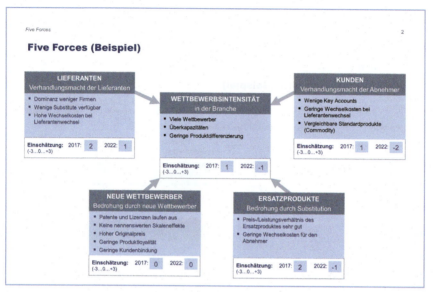

Abbildung 7.18: Leistungsdatenmatrix. Quelle; MSC Praxistoolbox für Produktmanager.

Schritt 1:
Tragen Sie die Ihnen bekannten Einflussfaktoren für jede der fünf Komponenten der Branchenstruktur ("Five Forces") in die dafür vorgesehenen Textfelder ein.

Schritt 2:
Bewerten Sie die fünf Komponenten der Branchenstruktur ("Five Forces") für das aktuelle Jahr und für den Zeitpunkt in 5 Jahren. Tragen Sie Ihre Bewertung auf einer Skala von -3 (sehr stark) bis +3 (sehr schwach) in das zugehörige Zahlenfeld ein.

Schritt 3:
Erarbeiten Sie Maßnahmen, die den Einfluss der Wettbewerbskräfte reduzieren. Dazu nutzen Sie die Vorlage "Five Forces - Maßnahmen".

Fallbeispiel: Durchführung einer internationalen Wettbewerbsanalyse

In Kapitel 6 wurde Ihnen aufgezeigt, welche Informationsfelder Sie bezüglich einer Konkurrenzanalyse abdecken sollten. In diesem Kapitel werden Ihnen anhand eines fiktiven Beispiels die Arbeitstechnik und die einzelnen Kriterien im Detail erklärt.

Listen Sie zunächst die wichtigsten Wettbewerber auf und nehmen Sie anschließend eine Klassifizierung vor.

Ranking der Anbieter	Marktanteile Deutschland	Klassifizierung
1. Konkurrenz AG	25 %	Marktführer
2. Wettbewerber B	15 %	Angreifer
3. Eigenes Unternehmen	13 %	Segmentführer
4. Wettbewerber C	10 %	Verfolger
5. Sonstige	37 %	

Je kompletter Sie die nachstehenden Informationsfelder recherchieren, umso zielgerichteter können Sie Ihre Wettbewerbsstrategie aufbauen. Nehmen Sie eine qualitative Bewertung der einzelnen Stärkekomponenten zwischen den Werten -3 (sehr schwach) über 0 (durchschnittlich) bis + 3 (sehr stark) vor.

1. Unternehmen

1.1 Generelles	
Name	Konkurrenz AG
Sitz der Muttergesellschaft	Musterstr. 11 12345 Musterstadt
Töchter	Maier GmbH, Punktdorf 100 %, Produktion von Metallteilen, Schmidt GmbH, Kreisstadt 51 %, Zulieferer für Kunststoffspritzteile
Rechtsform	AG
Mitarbeiter Anzahl, Entwicklung	1.500 (2013) 1.650 (2009) 1.400 (2008)
Eigentumsverhältnisse	Aktionäre: Dr. A. Schmittchen 51 % Dr. B. Schleicher 26 % Mitarbeiter und andere 23 %
Spartenumsätze	Steuerungen 290 Mio. € Aktoren 130 Mio. € Sensoren 110 Mio. €
Umsatzentwicklung der Konkurrenz AG	Umsatz in Mio. € (Diagramm 1998–2016, Anstieg von ca. 150 auf ca. 560)
Gründungsjahr	1965
Standortbewertung	Anbindung an AB-Kreuz Musterstadt Großstadtnähe
Unternehmenskultur	Hohe Kundenorientierung, kooperativer Führungsstil, flexibel, schnell

Mitarbeiterorientierung	Stark ausgeprägt Vorzugsaktien für Belegschaft kostenloser Betriebskindergarten
Lohnniveau	Angeglichen an IG-Metall-Tarifvertrag, Viele AT-Angestellte
Kernkompetenzen	Entwicklung, Fertigung und Vertrieb von Steuerungen, Sensoren und Aktoren für den Maschinen- und Anlagenbau

Bewertung Kernfähigkeiten
Stärken: *Flexibel, markt- und mitarbeiterorientiertes Unternehmen*
Schwächen: *Nicht bekannt*

1.2 Organisationsstruktur

Aufbauorganisation	Organigramm vorhanden
Konzernzugehörigkeit	Nein
Verflechtungen	Nur über zwei Tochtergesellschaften
Geschäftsbereiche	• Steuerungen • Sensoren • Aktoren
Kooperationen	Vertrieb USA: Smith Inc., Ft. Mill, SC
Beteiligungen	Tochtergesellschaften

Bewertung Organisatorische Stärke: 1
Stärken: *Direkter Zugriff auf Metallteile- und Kunststoffteile über Tochterunternehmen*
Schwächen: *Keine internationalen Verflechtungen*

1.3 Management

Manager-Persönlichkeiten	Vorstandsvorsitzender: Bernd Schuster Vorstand Vertrieb/Marketing: Michaela May
Führungskultur	kooperativer Führungsstil Zielvereinbarungen

Bewertung Managementstärke: 2,5
Ziele: *Aufbau einer Nachfolgegeneration für den Vorstand*
Strategien: *Be No. 1: „Innovation, Qualität, Kundenorientierung"*

1.4 Mitarbeiter	
Qualifikation	Hoher Ausbildungsgrad, ca. 30 % mit akademischem Abschluss
Motivation	Sehr hoch, Vorzugsaktien für Belegschaft, ergebnisorientierte Prämien

Bewertung Mitarbeiterstärke: 2,5
Stärken: *Motivation*

1.5 Kostenstruktur	
Bilanz, GuV-Rechnung, Cash-Flow	In 2016: 74,8 Mio €
Umsatzrendite	ca. 14 %
Kreditwürdigkeit	Einschätzung Creditreform 420 von 500 Punkten
Investitionen	Neue Produktionsstätte im Bau (ca. 22 Mio. € Investitionsvolumen)
Eigenkapitalquote	> 60 %

Bewertung Kapitalstärke: 2,5

1.6 Produktion	
Produktionsstätten	Musterstadt, Punktdorf und Töchter (s.o.)
Ausstattung und Modernisierungsgrad	CIM, automatische SMD-Bestückung
Anzahl der Mitarbeiter	940
Fertigungstiefe	Mittel
Produktionsverfahren	Zellenfertigung ab Losgröße 1
Fertigungszeiten	Unter 3 Tagen
Produktions-Know-how	+++

Bewertung Produktionsstärke: 1
Stärken: *Modern und flexibel*

1.7 Forschung und Entwicklung	
Ausstattungsgrad	Sehr modern, CAD, Internet...
Anzahl der Mitarbeiter	150
Time-to-Market	1,5 bis 2,5 Jahre
Forschungs- und Entwicklungsaufwand	8 % vom Umsatz
Teilnahme an Innovationsförderprojekten	Regelmäßig
F&E-Know-how	++
Patente	Als Anlage beigefügt

Bewertung F&E-Stärke: 0,5
Stärken: *F&E-Know-how im Bereich Sensorik*
Schwächen: *Time-to-Market über Branchendurchschnitt (15 Monate)*

1.8 Vertrieb/Marketing	
Einschätzung des Vertriebs	Stark kundenorientiert, viele Mitarbeiter mit Ingenieursstudium
Werbeausgaben	ca. 8,2 Mio. € / Jahr
Marktforschung/ Competitive Intelligence	Eigene Abteilung mit 4 Mitarbeitern
Produktmanagement	Abteilung vorhanden, 20 Mitarbeiter
Internationalisierung	Vertrieb Europa direkt über Musterstadt Vertrieb USA: Smith Inc.
Anzahl Vertriebsmitarbeiter	Innendienst: 26, Außendienst: 88, KAM: 14, Branchenmanager: 8
Vertriebswege	Vorwiegend direkt

Bewertung Vertriebsstärke:
    Inland   2
    Rest-Europa -1
    Asien   -2
    USA   0,5

Stärken: *Vertrieb Inland und Produktmanagement*
Schwächen: *Keine Globalisierung, Europa- und Auslandsvertrieb schwach*

1.9 Service	
Art	Eigener Service
Anzahl der Mitarbeiter	15
International	Service USA über Smith Inc.

Bewertung Servicestärke: -1
Stärken: *keine*
Schwächen: *Kein internationaler Service*

1.10 Beschaffung	
Globalisierung	Ja, jeweils Lieferanten mit günstigstem Preis-/Leistungsverhältnis
Hauptlieferanten	Singapore Electronic Pty.Ltd. Sumo Corp. Japan

Bewertung Beschaffungsstärke: 2
Stärken: *Globalisiert*

2. Produktprogramm, Produkte und Technik

Übersicht über Programm und Produkte	Siehe Kataloge
Hauptumsatzträger, A- und strategische Produkte	Als Anlagen angefügt
Erfüllungsgrad der KBFs	Siehe beigefügte Stärken-Schwächen-Analyse
Material-/Herstellkosten	Tabelle angefügt (geschätzt)
Produktqualität	+++
Verfügbare Technologien	++
Patente, Schutzrechte	Als Anlage angefügt

Bewertung des Produktprogramms: 0,5
Stärken: *Komplettes Programm*
Schwächen: *Teilweise veraltet*

3. Dienstleistungen

Beratung	Über Vertriebsingenieure
Engineering	??
Lieferzeit	1 Woche Standard, 2 Wochen Sonderartikel
Dokumentationen	Mittelmäßig, zum Teil veraltet
Gewährleistungszeit	2 Jahre (ausgewählte Produkte 4 Jahre)

Bewertung Dienstleistungsstärke: 0,5

4. Preise und Preisverhalten

Preis-Niveau	Sehr hoch
Preisverhalten	Flexibel
Position im Preis-Leistungs-Diagramm	Siehe Anlage
Deckungsbeiträge	Gut

Bewertung der Preisstärke: -1
Stärken: *Gute Deckungsbeiträge*
Schwächen: *Im High-End-Bereich zu teuer*

5. Marktposition und Distribution

Auslandsaktivitäten	Schwerpunkte: nur Schweiz und Österreich, ansonsten schwach
Internationalisierungsgrad	Schwach
Zielgruppen/Kunden	Serienmaschinenbau ca. 70 %, Sondermaschinenbau ca. 20 % Handel ca. 10 %
Branchenschwerpunkte	Robotertechnik, Fördertechnik, Verpackungsmaschinen
Marktanteile	D: ca. 35 %, Rest-EU: 3 % Asien: < 1 %, USA: 6 %
Bekanntheitsgrad	Hoch in D, gering im Ausland
Grad der Marktorientierung	Hoch
Auftritt, Image	Konservativ

Bewertung der Marktposition: 0,5
Stärken: *Marktposition in Deutschland*
Schwächen: *Fehlende Globalisierung*

6. Kommunikation

Einschätzung der Prospekte	Nutzen- und anwenderorientiert, gut bis sehr gut
Messeauftritt	Professioneller Stand
Werbung	Wenig Anzeigenwerbung
Verkaufsförderung	Gut
Öffentlichkeitsarbeit	Sehr gut
Internet	Homepage gut bis sehr gut

Bewertung Kommunikationsstärke: 1,5

7. Übergeordnete Ziele und Strategien

Unternehmensstrategie	Marktanteil in 3 Jahren in D: 30%
Produktionsstrategie	Mittlere Fertigungstiefe, Konzentration Breitenstrategie: High-End, Top-Qualität
Entwicklungsstrategie	Nicht erkennbar
Produktstrategie	Jedem Kunden „seinen Knopf"
Zukunftspläne	Neue Fertigungsstätte
Visionen	No. 1 bleiben

Bewertung Zukunftspotenzial: 0,5
Stärken: *Produktion*
Schwächen: *Produktionsauslastung, alles hängt vom Gelingen der Globalisierung ab*

8 | Fallbeispiel: Durchführung einer internationalen Wettbewerberanalyse

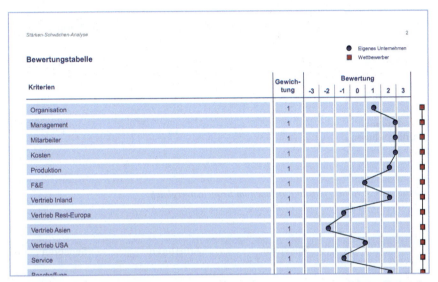

Abbildung 8.1: Stärken/Schwächen-Profil der Konkurrenz AG, Musterstadt. Erstellt mit der Powerpoint-Vorlage „Stärken-Schwächen-Analyse" aus der MSC-Praxistoolbox für Produktmanager.

	Deutschland	Rest-EU	USA	Asien
Konkurrenz AG	25 %	3 %	6 %	< 1 %
Wettbewerber B	15 %	10 %	3 %	< 1 %
Eigenes Unternehmen	13 %	10 %	10 %	5 %
...				

Abbildung 8.2: Marktanteile im Ländervergleich

8 | Fallbeispiel: Durchführung einer internationalen Wettbewerberanalyse

	Wasser	Chemie	Pharmazie
Konkurrenz AG	++	++	0 ... +
Wettbewerber B	+	0	+
Eigenes Unternehmen	+	++	+
...			

Abbildung 8.3: Konkurrenzunternehmen im Branchenvergleich

	Messtech.	Armaturen	Sensoren
Konkurrenz AG	++	++	0 ... +
Wettbewerber B	+	0	0
Eigenes Unternehmen	+	++	+++
...			

Abbildung 8.4: Stärkere Produktgruppen im Unternehmensvergleich

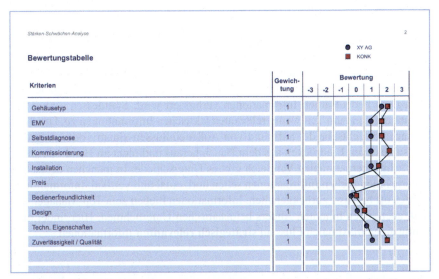

Abbildung 8.5: Stärken/Schwächen-Analyse des eigenen Produkts und des Produkts der Konkurrenz AG, Erfüllung der Key Buying Factors (KBF, kaufentscheidende Kriterien)

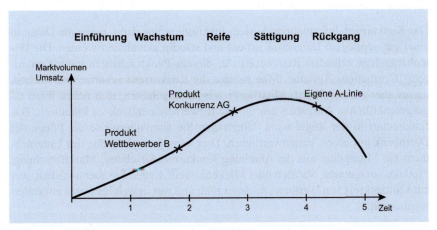

Abbildung 8.6: Konkurrenzprodukte nach Position im Produktlebenszyklus. Aus der Phase im Lebenszyklus lässt sich grob abschätzen, wann eine Neuentwicklung oder ein Redesign der Wettbewerbsprodukte wahrscheinlich ist und dass in diesem Beispiel das eigene Produkt dringend einen Nachfolger benötigt.

9 Organisatorische Voraussetzungen

Weniger ist mehr: Die meisten Unternehmen ertrinken in Daten. Trotzdem haben viele Fach- und Führungskräfte das Gefühl, zu wenig über die Konkurrenz zu wissen. Viele Organisationen sind so strukturiert, dass die Weitergabe von strategisch bedeutsamen Informationen verhindert wird. Stattdessen nimmt die Sammlung von zum Teil wenig relevanten taktischen Informationen zu. Das Top-Management entscheidet aufgrund von Außeneinflüssen situativ oder aufgrund von subjektiven Eindrücken aus dem Bauch heraus und nicht an Hand von „hard facts". Im internationalen Vergleich gibt es Unterschiede: In manchen deutschen Unternehmen fließen Informationen selten horizontal und vertikal. Informationen werden oft bewusst zurückgehalten. Informationen fließen zum Top-Management rauf, aber selten hinunter. Anders bei asiatischen Unternehmen. Hier findet man häufig einen maximalen Fluss an **strategisch relevanten** Informationen.

> Konkurrenzinformationen dürfen nicht nur taktischer Natur sein, sondern müssen strategische Erfolgsfaktoren und Ziele des Unternehmens unterstützen.

Das Konkurrenz-Informations-System funktioniert nur dann, wenn die Daten in einer gut gepflegten Datenbank erfasst und ständig aktualisiert werden. Die Datenbankpflege erfordert Ressourcen. An diesem Punkt scheitern viele Konkurrenz-Informations-Systeme. Man möchte die Konkurrenz schärfer überwachen, dieses aber zum Nulltarif. Mitarbeiter werden angehalten, sich neben ihren tagesgeschäftlichen Aufgaben um die Wettbewerberdatenbank zu kümmern. Das funktioniert in der Regel nicht. Übertragen Sie sinnvollerweise die Pflege der Datenbank auf einen Verantwortlichen. Dies kann je nach Größe des Unternehmens ein Mitarbeiter aus der Abteilung Konkurrenzforschung, Marktforschung, Produktmanagement, Vertrieb oder Marketing sein. Legen Sie aber auch fest, wer zum Nutzerkreis von Wettbewerbsdaten zählt und wer in welcher Form informiert werden soll.

> **Bestimmen Sie einen verantwortlichen „Konkurrenzdaten-Manager"
> für die Datenbeschaffung, Datenbankpflege und das Reporting.**

Konkurrenzinformationen müssen aus der Datenbank schnell und je nach Verwendungszweck grafisch aufbereitet abzurufen sein. Dies erspart ein übermäßiges Reporting. Der **"Konkurrenzdaten-Manager"** sollte aktuelle Informationen auswerten und an betreffende Stellen weiterleiten. Es ist sinnvoll, Reports und Sitzungen festzulegen, die Wettbewerbsinformationen berücksichtigen.

Beispiele für die Verbreitung von Konkurrenzinformationen im Unternehmen:

- Strategischer Jahresbericht
- Monatlicher Bericht: Konkurrenz-News
- Sonderbericht mit hoher Dringlichkeit: Flash News
- Abruf aus der Konkurrenz-Datenbank
- Arbeitsgruppen zu konkreten, konkurrenzrelevanten Themen
- Wöchentliches Briefing des Top-Managements
- Electronic Mail
- Management-Sitzungen
- „Schwarzes Brett" im Intranet

Die Verantwortung für **produktbezogene** Konkurrenzinformationen sollte bei den zuständigen **Produktmanagern** liegen.

Der Produktmanager ist für die optimale Koordination aller produktbezogenen Maßnahmen innerhalb und außerhalb des Unternehmens verantwortlich. Dies umfasst alle existierenden und zukünftigen Produkte seines Verantwortungsbereichs. Er verbessert den Informationsfluss, die Kommunikation und die Kooperation zwischen den einzelnen Stellen des Unternehmens und des Marktes. Im Mittelpunkt steht die Frage: „Was muss ich tun, damit aus meinen Produkten Umsatz- und Gewinnträger werden?".

Zu seinen Aufgaben gehört die permanente Wettbewerbsbeobachtung für „seine" Konkurrenten. Er erstellt und präsentiert Wettbewerbsvergleiche. Er ist die Sammelstelle und Info-Zentrale für internationale Produkt-, Markt- und Wettbewerbsinformationen.

9 | Organisatorische Voraussetzungen

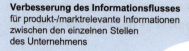
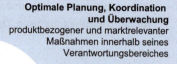

Verbesserung des Informationsflusses
für produkt-/marktrelevante Informationen zwischen den einzelnen Stellen des Unternehmens

Optimale Planung, Koordination und Überwachung
produktbezogener und marktrelevanter Maßnahmen innerhalb seines Verantwortungsbereiches

Kompetente „Anlauf- und Koordinationsstelle"
für Produkt-, Produkt/Markt- und Produkt/Wettbewerbs-Informationen

Abbildung 9.1: Generelle Aufgaben des Produktmanagers

Ein professionell arbeitendes Produktmanagement ist die Chance, Wettbewerbsinformationen in Produktvorteile umzusetzen.

Zum Markterfolg braucht man stets eine Strategie, also eine wohlüberlegte Methode. Das Wort „Strategie" hat eine interessante Herkunft: Es kommt von „Strategia" und bedeutet „Feldherrenkunst" – zusammengesetzt aus „Stratos" (Heer) und „agein" (führen).

Strategie bedeutet also ursprünglich: Die Art und Weise, wie ein Führer seine Intelligenz, seine Fähigkeiten und all seine Mittel einsetzt, ein Heer zu führen, um zu siegen – oder, auf das heutige Wirtschaftsleben übertragen, um mit einer stark motivierten Mannschaft sich Wettbewerbsvorteile zu verschaffen und die Konkurrenz aus dem Feld zu schlagen.

Erstellen Sie gegebenenfalls eine Aufgaben-Matrix zur Konkurrenzanalyse. Wer ist für welche Aufgaben zuständig/verantwortlich (v), wer sollte zuarbeiten (z), wer sollte informiert (i) werden?

Aufgabe	Abteilung		
	KA	PM	V
Pflege der Datenbank	V	Z	I
Beschaffen von Unternehmensdaten	V	Z	Z
Beschaffen von Produktinformation	Z	V	Z
Angebote beschaffen und auswerten	I	Z	V
Produkt- und Preisvergleiche	Z	V	I
Win-Order + Lost-Order Analyse	Z	Z	V

V: Verantwortlich   Z: Zuarbeiten   I: Informiert werden

Abbildung 9.2: Vereinfachte Darstellung einer Verantwortungsmatrix für die Zuordnung von Aufgaben der Konkurrenzanalyse. Berücksichtigt wurden 3 Abteilungen (bzw. Verantwortlichkeiten): KA: zentral Verantwortliche für die Konkurrenzanalyse. PM: Produktmanager. V: Vertrieb. Jeweils nur eine Abteilung bzw. eine Person kann für die betreffende Aufgabe verantwortlich (V) sein.

10 Wie Sie eine Wettbewerberdatenbank aufbauen

10.1 Die optimale Archivierung

Sie haben Ihre Konkurrenten identifiziert, klassifiziert und sich entschieden, wen Sie wie intensiv beobachten werden. Sie haben die Informationsfelder definiert, d.h. welche Art von Konkurrenzinformationen für Ihr Unternehmen relevant sind, und Sie haben sinnvolle Quellen festgelegt.

Jetzt benötigen Sie ein geeignetes Werkzeug, das Ihnen eine übersichtliche Archivierung und einen raschen Zugriff auf Daten ermöglicht.

Leider befinden sich die durch Wettbewerbsbeobachtung gewonnenen Daten oftmals verstreut in verschiedenen Abteilungen. Somit ist es schwer und umständlich, sich einen raschen Überblick über die gegebenen Wettbewerbsverhältnisse zu machen und ihre Auswirkungen auf das Unternehmen aufzuzeigen. Eine auf Ihre Bedürfnisse zugeschnittene Datenbank kann hier Abhilfe leisten. Daten werden zentral erfasst und dezentral zur Verfügung gestellt. Entscheiden Sie auch, ob Sie nur Informationen erfassen wollen oder ob Sie auch Erzeugnisse, Baugruppen und Muster des Wettbewerbs sammeln und untersuchen wollen. Folgende Möglichkeiten können Sie nutzen:

1. Schrank-Archivierung: „Papierablage"
2. Schrank-Archivierung und Stichwortverzeichnis im PC
3. Elektronische Wettbewerberdatenbank

1. Schrank-Archivierung: „Papierablage"
Die Ablage von Konkurrenzunterlagen in Hängeordnern ist trotz Zeitalter der Digitalisierung noch immer das bislang am weitesten verbreitete Verfahren. Die Unterlagen werden z.B. nach den Namen der Wettbewerber oder/und nach Themen geordnet abgelegt. Um lästiges Rätseln zu vermeiden, von wann die Unterlage stammt und ob die Daten noch gültig sind, sollten Sie jeden Prospekt, jede Preisliste usw. mit Datum und Quelle versehen. Entweder beschriften Sie direkt mit Filzstift oder Sie verwenden einen Aufkleber.

Die Ablage im Schrank hat den Vorteil, dass Unterlagen mit geringem Aufwand archiviert werden können und z.B. über die Referenz „Firmenname" rasch zugegriffen werden kann. Problematisch wird es allerdings, wenn große Datenbestände vorliegen und wenn Detailinformationen benötigt werden.

Der Schrank zeigt auch seine Grenzen, wenn mehrere Abteilungen, wie Entwicklung, Unternehmensführung, Produktmarketing und Vertrieb die gleichen Informationen nutzen wollen. Weitere Nachteile: Die Informationen liegen unstrukturiert und nicht verdichtet vor, und die Suche nach Begriffen und Produkten ohne Firmenreferenz ist umständlich.

2. Schrank-Archivierung und Stichwortverzeichnis im PC
Eine bessere Übersicht und einen gezielteren Zugriff erreichen Sie, wenn Sie ein Suchwortverzeichnis in einer Tabellenkalkulation z.B. MS-Excel oder einer kleinen Datenbank anlegen und sämtliche Konkurrenzinformationen durchnummerieren und hier erfassen. Sie können die Unterlagen an unterschiedlichen Orten lagern und trotzdem mit einer zentralen Liste für einen schnellen Zugriff sorgen.

Jedes Dokument erhält einen Aufkleber, der neben Datum und Quelle Zusatzinformationen über den Archivierungsort und klassifizierende Merkmale enthält, die im Stichwortverzeichnis abgerufen werden können. Der Aufwand für die Archivierung ist in diesem Fall etwas größer als bei der alleinigen „Hängeordner-Ablage", der Zugriff ist aber gezielter (z.B. auch nach Produktklassifikation) und schneller möglich. Die Abfrage nach einem Stichwortverzeichnis kann, z.B. für einen bestimmten Konkurrenten aufzeigen, welche Informationen mit welcher Aktualität vorliegen: Geschäftsbericht, Katalog, Preisliste, Angebot, Prospekt, Bedienungsanleitung, Muster. Nachteile: Sehr viel Pflegeaufwand. Erfordert viel Disziplin von Benutzern. Funktioniert im Alltag meistens nicht.

3. Wettbewerberdatenbank
Bei dieser Form der „Ablage" erfassen Sie ausgewählte Unternehmens- und Produktdaten in einer Datenbank. Der Vorteil: Häufig genutzte Informationen, wie etwa Preise, technische Daten, Abbildungen, Stärken und Schwächen sowie Argumente können einer breiten Anzahl von Nutzern zur Verfügung gestellt werden, z.B. Produktmanagern, Entwicklern, Außendienst, Vertriebsinnendienst, verschiedene Niederlassungen und Vertretungen im In- und Ausland. Die Daten können als Vergleich, Ranking oder in grafisch aufbereiteter Form abgerufen werden. Damit steht den Nutzern fundiertes Wettbewerbs-Know-how zur Verfügung. Sie benötigen allerdings einen Hauptverantwortlichen, der sich um Aufbau und Pfle-

ge kümmert. Und genau das ist einer der Schwächen. Eine Datenbank muss laufend gepflegt und aktualisiert werden. Auf der anderen Seite sind über das Internet praktisch jederzeit aktuelle Informationen und Daten über wettbewerbsrelevante Themen zugreifbar, so dass eine gezielte Online-Suche meistens den geringeren Aufwand nach sich zieht.

Wägen Sie deshalb unbedingt ab, ob sich Input und Output bei einer eigenen Wettbewerberdatenbank für Sie rechnen. Vor allem, wenn Ihr Unternehmen weltweit agiert und mit unterschiedlichen Wettbewerbern und Produkten konfrontiert wird. Der Aufwand für die Pflege würde dann noch umfangreicher werden.

10.2 Innerbetrieblicher Anforderungskatalog

Bevor Sie sich für eine auf dem Markt angebotene Datenbank entscheiden und sie nach Ihren Bedürfnissen anpassen lassen, sollten Sie zunächst die Anforderungen an eine Wettbewerberdatenbank für Ihr Unternehmen festlegen. Dazu halten Sie in einem Anforderungsprofil u.a. folgende Punkte fest:

- Wer soll die Datenbank nutzen?
- Was soll erfasst werden? (Festlegen der Informationsfelder und Daten)
- Welche Auswertungen und Vergleiche sollen möglich sein?
- Wie sollen die Daten und Auswertungen grafisch aufbereitet werden?
- Wie sollen die Daten erfasst werden?
- Sollen auch Fotos abrufbar sein?
- Sollen Zugriffsrechte möglich sein? (Administrator, schreiben, nur lesen)
- Sollen die Daten online zugreifbar sein?
- Wer soll für den Aufbau und die Pflege verantwortlich sein?
- Welches Budget ist erforderlich?

Legen Sie ein Projektteam fest: Projektleiter, Teammitglieder, Externe. Der Projektleiter „Wettbewerberdatenbank" ist für die gesamte Koordination innerhalb und außerhalb des Hauses verantwortlich. Die Teammitglieder repräsentieren Ihre Abteilungen, in denen die Datenbank genutzt werden soll. Lassen Sie sich auf der Grundlage Ihres Anforderungsprofils Angebote von kompetenten Softwareanbietern machen. Achten Sie auf Erfahrung mit Wettbewerberdatenbanken. Erst dann wählen Sie die geeignete Hardware aus. Legen Sie auch für die Erfassung und

Pflege der Daten ein angemessenes Budget fest. Gegebenenfalls erarbeiten Sie zusammen mit Ihrem IT-Experten und Ihrem Team ein Datenbuch, in dem Datenstrukturen, Import und Export von Daten, Masken, Verknüpfungen, Berichten usw. festgelegt werden. Beachten Sie dabei ein ausgewogenes Kosten-Nutzen-Verhältnis. Nicht die Menge von Daten ist entscheidend, sondern die Akzeptanz des Systems bei den Nutzern, sowie der einfache Umgang damit. So stellen Sie sicher, dass Ihre Wettbewerberdatenbank auch zum Nutzen des Unternehmens verwendet wird.

Beispiele Wettbewerberdatenbanken

Wettbewerberradar (https://www.management-monitor.de)

Abbildung 10.1: Beispiel Wettbewerberdatenbank. Quelle: http://www.marktforschung.de/ anbieter-leistungen/tools/marktforschung/management-monitor-1/

"Das Wettbewerbsradar gibt Ihrem Unternehmen einen Überblick über Wettbewerber, Wettbewerbsprodukte, Benchmarking, den Marketingmix und die Absatzkanäle der Konkurrenten. Vergleichen Sie Ihr Unternehmen mit dem Wettbewerb und ziehen Sie daraus zukunftsweisende Schlüsse für die eigene Marktbearbeitung und die strategische Planung. Oder Sie vergleichen Wettbewerbsprodukte und das Pricing und geben dem Vertrieb die richtige Strategie für das Verkaufsgespräch - oder der Entwicklungsabteilung Impulse für die Produktinnovationen durch Benchmarking.

Das WETTBEWERBSRADAR wird erfolgreich eingesetzt bei B2B-Unternehmen, bei B2C-Unternehmen, im Dienstleistungsbereich und der Investitionsgüterindustrie. Viele international aktive Unternehmen vertrauen auf die Eigenschaften des WETTBEWERBSRADARS, um Märkte und Wettbewerber international im Blick zu haben.

Das WETTBEWERBSRADAR erleichtert und beschleunigt die Wettbewerbsanalyse in Ihrem Unternehmen. Wettbewerbsinformationen können aus unterschiedlichsten Quellen automatisiert oder manuell in der Datenbank gesammelt werden. Die Ergebnisse werden in übersichtlichen Wettbewerberportraits dargestellt, die für Stärken-Schwächen-Analysen, Benchmarking, Sortimentsanalysen und viele weitere Analysen genutzt werden.

Natürlich werden alle Datenfelder und Kennzahlen an Ihren spezifischen Informationsbedarf angepaßt und Sie können flexibel neue Datenfelder bzw. Kennzahlen hinzufügen.

Standardisierte Daten wie z.B. Jahresabschlüsse, Bilanzen und GuVs können wir natürlich problemlos importieren.
Sie können die Software wahlweise als Cloud-Lösung nutzen (Hosting in Deutschland) oder in Ihrem Intranet installieren."

Quelle: https://www.management-monitor.de/de/produkte/wettbewerbsradar.php

GoBench IQ (http://www.indec.de/de/)

"Die Benchmarking Software GOBENCH IQ verknüpft sämtliche Daten, die für Ihre Wettbewerbs- und Marktbeobachtung relevant sind und liefert Vergleiche, Analysen und punktgenaue Ergebnisse.

Das System bietet die Schnittstellenfähigkeit zu bestehenden Datenbanken und Systemen im Unternehmen wie z.b. Microsoft Excel, SharePoint und weitere. Informationen zu Wettbewerbern werden abteilungsübergreifend im GOBENCH IQ vernetzt.

GoBench IQ serviert Ergebnisse auf dem Silber-Tablett
- Kunden und Markt verstehen
- Innovativ sein
- Alleinstellungsmerkmale finden und effizient realisieren -
ohne Irrwege und Fehlinvestitionen
- Produkte mit denen von Wettbewerbern vergleichen
- Produktverbesserung erkennen (Funktion, Qualität, Kosten)
- Tear Downs mit Bildern, Kosten, Gewichten bis ins kleinste Detail abbildbar
- Kostenstrukturen von Produktionsprozessen überblicken
- Den richtigen Standort wählen
- Patentverletzungen erkennen und nachverfolgen"

Quelle: http://www.indec.de/de/gobench_einfuehrung.php

"Das GoBench IQ Basis-System bietet bereits die wesentlichen Funktionen, die zur Verwaltung und Analyse von Benchmarking Informationen erforderlich sind. Grundsätzlich ist GoBench IQ in Deutsch und Englisch verfügbar, kann aber bei Bedarf um weitere Sprachen ergänzt werden.

Die Add-On Funktion Chartbox ermöglicht die Erstellung von Diagrammen auf Basis von Zusammenstellungen und Vergleichen. Technische und subjektive Werte können ebenso ausgewertet werden wie komplexe Datenreihen auf Basis von Messungen.

Der Administrator hat die Möglichkeit standardisierte Charts zu definieren, die von allen Usern genutzt werden können. Zusätzlich kann jeder User sogenannte „Ad-hoc" Charts erstellen, die als Bild lokal gespeichert werden können. In eigenen Abfragen können auch diese Charts individuell als Standard vordefiniert werden. Zu den verfügbaren Charts gehören u.a. Säulen-, Kuchen-, Flächen-, Linien- und Netzdiagramme. Darüber hinaus können auch Bubble-Charts und Korrelationen generiert werden. Auf Basis der Abfragen können alle User sogenannte „Alerts" einstellen, die je nach Konfiguration der Abfrage über Neuigkeiten informieren. Jeder User kann entscheiden, welche Abfragen er „abonniert" und welche nicht. Das gilt auch für persönliche Abfragen.

Die Infos werden über Nacht gesammelt und in einer übersichtlichen E-Mail an den Benutzer gesendet, der über einen Hyperlink direkt zu den neuen Datensätzen weitergeleitet wird. Das Import Tool ermöglicht es, vollständige Datenpoole mittels Excel-Import zu füllen. Der User kann hierzu mehrere Import-Matrizen definieren um verschiedene Datenquellen zu verwenden. Über einen eindeutigen Schlüssel können die Daten bei Bedarf synchronisiert werden."

Quelle: http://www.indec.de/de/gobench_impressionen.php

**Wägen Sie unbedingt ab, ob Input (Aufwand) und Output (Nutzen) einer Wettbewerberdatenbank sich für Sie rechnen.
Nicht wer viele Daten "hortet", sondern wer über die richtigen Wettbewerberdaten zur richtigen Zeit verfügt, ist im Vorteil.**

11 Wie Sie Konkurrenzinformationen in erfolgreiche Vertriebs-, Marketing- und Wettbewerbsstrategien umsetzen

11.1 Strategien der Gewinner

Ein erfolgreicher Fußballspieler rennt auf dem Spielfeld nicht ständig dorthin, wo der Ball sich gerade befindet. Er erahnt rechtzeitig, wo der Ball ankommt, um dann im richtigen Moment am richtigen Ort zu stehen.

Konkurrenzinformationen können taktische (=kurzfristige) oder strategische (=mittel- bis langfristige) Bedeutung haben. Die strategische Orientierung beeinflusst weite Bereiche der Unternehmenspolitik. Wenn Sie die Weichen auf mehr als nur kurzzeitigen Markterfolg einstellen wollen, reicht es nicht aus, lediglich in Produktdetails besser als die Konkurrenz zu sein.

Dazu ist die konsequente Ausrichtung des Unternehmens auf den Markt in allen Funktionsbereichen erforderlich, nicht nur die Umorientierung vom technikgesteuerten zum marktgetriebenen Unternehmen.

Vielmehr ist es entscheidend, sich in seinem gesamten Produkt- und Leistungsspektrum und dem Verhalten am Markt deutlich vom Wettbewerb abzugrenzen. Die richtige Strategie kann hier helfen, Kräfte zu bündeln und Synergien zu erzeugen.

Konzentration statt Verzettelung ist angesagt. Eine wohl durchdachte Marktsegmentierung kann Ihnen helfen, Marketing- und Vertriebsressourcen effizient einzusetzen. Bearbeiten Sie die lukrativsten Zielgruppen besonders intensiv. Aber erst Spitzenleistungen und Nutzeninnovationen bringen Wachstum und Marktführerschaft. Geben Sie sich deshalb niemals mit mittelmäßigen Ergebnissen zufrieden. Erfolgreiche Unternehmen streben danach, ihren Kunden einen besonders hohen Produkt- und Dienstleistungsnutzen zu bieten.

Überlegen Sie sich: Mit welchen Produktmerkmalen oder auch zusätzlichen Dienstleistungen können Sie sich besser vom Wettbewerb abheben? Welchen Mehrwert (Added Value) können Sie bieten? Wie lässt sich die Einzigartigkeit Ihres Leistungspakets Ihren Kunden kommunizieren? Mit welchem **Key Buying**

Factor (KBF) wollen Sie sich differenzieren? Die KBFs lassen sich fünf Gruppen zuordnen:

1. Marke des Unternehmens
2. Produkte, Sortiment, angebotene Lösung
   (z.B. Langlebigkeit, Design, ...)
3. Dienstleistungen (z.B. Beratung, Hotline, Gewährleistungszeit, ...)
4. Beziehungen zu Entscheidern
5. Preis

Kaufentscheidungen sind immer ein Mix aus diesen Key Buying Factors. Wenn Ihre Produkte einen hohen Preis haben, können Sie diesen durch die Marke, die Lösung, Dienstleistungen oder gute Beziehungen zu Entscheidern wettmachen.

Welches sind die für Ihre Kunden (ggf. in einem bestimmten Marktsegment) jeweils drei wichtigsten Key Buying Factors?

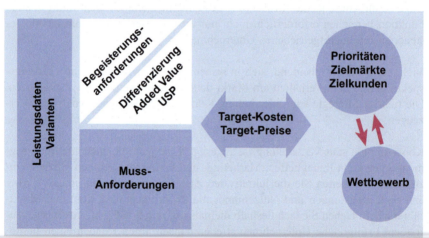

Abbildung 11.1: Definieren Sie Produktanforderungen markt- und kostenorientiert. Nachhaltige Wettbewerbsvorteile steuern Sie frühzeitig durch klare Produktstrategien und marktorientierte Produktdefinitionen an.

Die Beantwortung folgender Kernfragen ist auf dem Weg zur Marktführerschaft hilfreich:

Welche Stärken und Schwächen hat Ihr Unternehmen?

- Welche besonderen Stärken/Schwächen-Ausprägungen (Kernkompetenzen) hat Ihr Unternehmen im Vergleich zu Ihrem stärksten Wettbewerber?
- Welche „Kundenprobleme" lassen sich mit dem Unternehmensprofil am besten lösen?
- Welche Zielgruppen benötigen dieses Problemlösungskonzept besonders?
- Ist die Zielgruppe tief genug segmentiert und „key-customer-identifiziert", dass gute Chancen bestehen, mit den zur Verfügung stehenden Ressourcen und dem Know-how die Marktführerschaft zu erlangen?

Je klarer Ihre Zielvorstellung ist, umso sicherer ist der Erfolg.

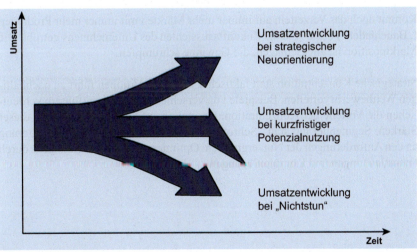

Abbildung 11.2: Effekte von Strategien, Innovation und Marketingaktivitäten auf wettbewerbsumkämpften Märkten.

Beispiel für die strategische Neuausrichtung:
Unternehmen der Mess- und Regeltechnik. Bisher wurde der Markt flächendeckend („Schneepflugmethode") bedient. Alle irgendwie lösbaren Anwendungen. Außerdem viele Sonderkonstruktionen. Strategiemaßnahme: Konsequentes Segmentieren des Marktes in Branchen/Applikationen und Programmbereinigung. Gezieltes Ausrichten (Konzentrationsmethode) aller Marketing- und Vertriebsmaßnahmen auf die drei erfolgversprechendsten Zielgruppen.

Ergebnis: Der Umsatz wuchs im 1. Jahr um 14%, im 2. Jahr um 37%. Ein bedeutender Wettbewerber hat sich aus zwei der drei Zielgruppen fast vollständig zurückgezogen. Die eigenen Erträge wurde deutlich verbessert.

Heute erleben wir Verdrängungs- und Preiswettbewerb weltweit. Selbst bisher führende europäische Unternehmen im High-Tech-Bereich ziehen sich aufgrund des Preisverfalls und der wachsenden globalen Konkurrenz aus dem „einfachen" Breitengeschäft zurück. Man weicht auf anspruchsvolle und komplizierte Produkte aus, um sich vor dem asiatischen Zugriff zu schützen.

Diese Reaktion ist verständlich, wenn man an die ungleiche Kostensituation in den verschiedenen Ländern denkt, aber dennoch gefährlich. Mit dem Rückzug öffnet man dem Wettbewerb die Eingangspforte zu Kunden und Markt.

Kommt noch das Verzetteln auf immer mehr Märkten mit immer mehr Produkten („Bauchladen") dazu, sind die Zukunftsaussichten des Unternehmens getrübt. Die Marktposition ist angeschlagen, die Gewinne schrumpfen.

Strategische Konzentration statt taktischer Hauruck-Aktionen führt zu nachhaltigen Wettbewerbsvorteilen. Beispiele von verschiedenen Segmentführern verdeutlichen die Vorteile der Konzentration. Besinnung auf Stärken und Ausbau dieser Stärken. Segmentierung statt „Schrotflinten-Marketing". Hautnahe Orientierung an den Anforderungen der Nutzergruppen. Optimierung des Kundennutzens durch Dienstleistungen und Komplettlösungen.

Es gibt viele Chancen, Marktführer zu werden:

- Marktanteilsführerschaft: Den höchsten Marktanteil haben
- Qualitätsführerschaft: Mit bester (=kundengerechter) Qualität überzeugen
- Nutzenführerschaft: Nachweislich den höchsten Kundennutzen bieten
- Service- und Dienstleistungsführerschaft: Mit Dienstleistungen „best of class" sein
- Imageführerschaft: Glänzen durch zufriedene und begeisterte Kunden
- Technologieführerschaft: Technologieführer sein
- Preis-/Kostenführerschaft: Im Preis-Leistungs-Verhältnis die Nummer 1 sein

Produkte/ Leistungen \ Märkte	bestehende	verwandte	neue
bestehende	Marktdurchdringung Marktbesetzung Verdrängungswettbewerb	Markterweiterung Lücken Applikationen	Markterschließung Internationalisierung Neue Marktsegmente
verwandte	Produktvariation Option	Marktsegment-/ Produkt-Erweiterung	Produktanpassung an neue Märkte
neue	Neue Produkte Innovation Differenzierung	Neue Produkte anwendungsspezifisch anpassen	Diversifikation

Abbildung 11.3: Wachstum durch neue und verbesserte Produkte und Dienstleistungen, bzw. durch gezieltes Angehen neuer Märkte oder durch die Kombination beider Vorgehensweisen.

Beispiele für Wachstumsquellen:

- Produktinnovationen
- Anwendungsinnovationen
- Produktvariationen, -modifikationen
- Produktergänzungen und -abrundungen
- Komplettlösungen
- Export in ausgewählte Auslandsmärkte
- Verdrängungswettbewerb

Die Diversifikation (neue Produkte für neue Märkte) wird aufgrund des hohen Finanzeinsatzes und Risikos nur von wenigen Unternehmen als Wachstumsquelle angestrebt.

Bei der Umsetzung von Wachstumsstrategien auf Kosten der Konkurrenz werden Sie u.U. mit folgenden Hindernissen konfrontiert, die zu überwinden sind:

- Kostenschwellen
- Personelle Engpässe
- Mangelnde Qualifikation für neue Technologien
- Entwicklungs- und Innovationsschwellen
- Differenzierungsschwellen
- Segmentierungsprobleme
- Know-how-Schwellen
- Informations- und Koordinationsschwellen

Analysieren Sie deshalb, wie gut Ihre Chancen gegen die Konkurrenz wirklich sind.

Hybride Wettbewerbsstrategien:

Hybride Wettbewerbsstrategien brechen mit der Alternativhypothese, wonach sich ein Unternehmen zwischen Kostenführerschaft und Differenzierung zu entscheiden hat, sondern halten dagegen die gleichzeitige Realisation von Kostenführerschaft und Differenzierung und ihre simultane Verfolgung für möglich und vorteilhaft.

Es gibt zwei Möglichkeiten zur Erlangung der hybriden Wettbewerbssituation:

- **Sequenzielle Strategien** verwirklichen die beiden Teile Kostenführerschaft und Differenzierung zeitlich hintereinander, das heißt, zuerst wird eine Kosten-, dann eine Differenzierungsstrategie verfolgt (bzw. umgekehrt). Ebenso ist eine räumlich getrennte Vorgehensweise nach verschiedenen Märkten denkbar.

- Eine **simultane Hybridstrategie** strebt die gleichzeitige Umsetzung von Differenzierungs- und Kostenvorteilen in ein und demselben Markt an.

Beispiele für hybride Wettbewerbsstrategien:

Strategie	Vorgehensweise
Duale Internationalisierungsstrategie (Fleck)	Anwendung unterschiedlicher Wettbewerbsstrategien an verschiedenen Orten, z.B. Kostenvorteile im Heimatland und Differenzierungsvorteile im Ausland.
Simultaneitätskonzept (Corsten/Will)	Gleichzeitige Realisation von Kostenführerschaft und Differenzierung als Eigenschaft moderner Produktionskonzepte. Organisatorisch basierend auf dem Gruppenprinzip und technologisch umgesetzt vor allem mittels moderner Fertigungstechnologien.
Strategie für den Hyperwettbewerb (D'Aveni)	Konzept, das die ständige und gleichzeitige Entwicklung neuer Strategien auf vier Wettbewerbsschauplätzen (Kosten- und Qualitätsvorteile, Innovationssprünge, Aufbau von Eintrittsbarrieren, finanzielle Stärke) fordert.
Mass Customizing (Pine)	Produktion von Gütern und Leistungen nach Wunsch für einen (relativ) großen Absatzmarkt zu Kosten, die ungefähr denen einer massenhaften Fertigung vergleichbarer Standardgüter entsprechen.

Quelle: F. Piller, Lst. für IBL, Uni Würzburg

Wo konkurrieren? \ Wie konkurrieren?	konventionelle Regeln	neue Regeln
Im Gesamtmarkt	Überlegene Marktabdeckung auf breiter Front	Änderung der Grundlagen des Wettbewerbs
In Nischen	Konzentration auf eine Nische	Innovationen in ausgewählten Marktsegmenten

Abbildung 11.4: Wachstum durch Schaffung neuer Regeln im Wettbewerb

Produkte werden vergleichbarer und austauschbarer. Die Dienste am Kunden, d.h. Beratung und Betreuung bis hin zur Kundenbeziehung sind die Chance, sich vom Wettbewerb deutlich zu differenzieren. Die persönliche Beziehung, besonders zu A-Kunden, kann den entscheidenden Ausschlag zu Ihren Gunsten geben.

Errichten Sie hohe Eintrittsbarrieren gegen Ihre Konkurrenz, indem Sie gezielt Beziehungsmarketing betreiben und damit die Kundenbindung verbessern.

11.2 Bauen Sie Barrieren gegen die Konkurrenz auf

Entwickeln Sie Ihre persönliche Erfolgsstrategie im Wettbewerb. Überlegen Sie, ob dafür auch Kooperationen mit anderen Unternehmen sinnvoll sein können und suchen Sie Kontakt zu Geschäftspartnern, die sich gegen denselben Konkurrenten behaupten müssen. Wichtig ist, dass Sie Ihre Strategie immer wieder den neuen Gegebenheiten anpassen.

Auf Verdrängungsmärkten gilt: Kundenbesitz ist wichtiger als Produktbesitz. Erstklassige Kundenbeziehungen bieten die erfolgreichsten Eintrittsbarrieren gegen die Konkurrenz. Je fester die Bindung eines Kunden an Ihr Unternehmen ist, desto schwerer hat es Ihr Wettbewerber.

Wenn Sie die gleichen Produkte anbieten wie Ihr Konkurrent, braucht der Kunde weitere Orientierungspunkte für seine Kaufentscheidung. Der Preis sollte nicht das einzige Unterscheidungsmerkmal sein. Grenzen Sie sich nach der Methode KISS gegen Ihren Wettbewerb ab: Keep it simple and stupid. Seien Sie also immer etwas anders und ein bisschen „verrückt". Überlegen Sie, welchen Mehrwert Sie Ihren Kunden bieten. Was ist die Besonderheit Ihres Angebots? Was erhält der Kunde bei Ihnen mehr als beim Mitbewerber?

Teilen Sie den Nutzen dieses Mehrwerts mit. Manchmal entscheidet ein kleiner Vorsprung über Sieg oder Niederlage.

Individualisierung als Wettbewerbsstrategie:

Autor	Strategie
Ansoff/Stewart	Strategie des „Application Engineering": In reifen Märkten werden durch Produktmodifikationen individuelle Bedürfnisse einzelner Nachfrager erfüllt.
Wheelwright	Strategie „Flexibilität" als Fähigkeit, „to handle difficult, non-standard orders".
Porter	Differenzierung, Auszeichnung des Angebots im Gegensatz zu Wettbewerbern, eine Option dazu ist Varietät/Individualisierung.

Ringsletter/Kirsch	Konkretisierung der Porter'schen Differenzierungsstrategie, Ziel: „sich durch eine größere Varietät der Leistung den individuellen Präferenzen der Kunden besser anzupassen als der Wettbewerb".
Albers/Eggert	Kundennähe drückt sich aus in den Dimensionen Differenzierung, Flexibilität und Reagibilität. Ein Unternehmen ist dann besonders kundennah, wenn es seine Märkte differenziert bearbeitet, auf Kundenwünsche flexibel reagiert und auf Marktveränderungen in mittel- bis langfristiger Sicht schnell und adäquat reagiert.

Quelle: F. Piller, Lst. für IBL, Uni Würzburg

1. **Anonyme Bearbeitung**
   Anfragen werden bearbeitet
   → **Keine Austrittsbarrieren**

2. **Standard Beratung**
   Standardisierte Unterstützung
   Beratung orientiert sich am üblichen Kompetenzlevel
   → **Keine bis niedrige Austrittsbarrieren**

3. **Individuelle Betreuung**
   Mitarbeiter mit überdurchschnittlichem Beratungsprofil
   Hohe Kompetenz - Unterstützung durch Tools,
   z.B. Produktkonfigurator
   Mehrwert für den Kunden erkennbar
   → Ausstieg aus Geschäftsbeziehungen wird **wohl bedacht**

4. **Persönliche Beziehung**
   Kunde und Lieferant sind Partner. Ggf Know-how Austausch
   Deutlicher Zusatznutzen für den Kunden
   → **Hohe Austrittsbarrieren**

Abbildung 11.5: 4 Level der Kundenbetreuung. Errichten Sie Eintrittsbarrieren gegen die Konkurrenz. Investieren Sie in die Kundenbindung, indem Sie sich in der Kundenbetreuung deutlich vom üblichen Standard des Wettbewerbs abheben. Persönliche Beziehungen (Fachfreundschaften) erhöhen die Austrittsbarrieren für den Kunden.

Die nachfolgenden Fragen werden Ihnen helfen, Ihre Wettbewerber und die Einflüsse mittelfristig besser einzuschätzen. Es ist gleichzeitig ein Resümee aus der unter Kapitel 6 ff. beschriebenen Konkurrenzanalyse.

Entscheidend sind die Konsequenzen und vor allem die Maßnahmen, die Sie aus den Erkenntnissen ableiten.

Frage	Antwort
Welches sind unsere (drei) **einzigartigen**, eigenen **Wettbewerbsvorteile** gegenüber den (zwei) wichtigsten Wettbewerbern?	
Welches sind die (drei) wichtigsten, wettbewerbsstrategischen **Aktionen**, die in den nächsten (drei) Jahren durchzuführen sind?	
Welches sind die (drei) wichtigsten **positiven Einflüsse** auf unsere Produkte/Märkte in den nächsten drei Jahren?	
Welches sind die (drei) wichtigsten **negativen Einflüsse** auf unsere Produkte/Märkte in den nächsten drei Jahren?	
Welches sind die (drei) wichtigsten **wettbewerbsstrategischen Bedrohungen** in den nächsten (fünf) Jahren?	
Welches sind die (drei) wichtigsten **wettbewerbsstrategischen Stärken/Aktionen** in den nächsten (fünf) Jahren?	
Welches sind die (drei) wichtigsten strategischen **Besonderheiten/Aktionen**, die wir von unseren (zwei) **wichtigsten Wettbewerbern** zu erwarten haben?	
Wie ist unsere **Kostenstrukturentwicklung** im Vergleich zum wichtigsten Wettbewerber in den nächsten (fünf) Jahren?	
Fazit, Konsequenzen, Sofortmaßnahmen	

Quelle: Prof. Dr. Christel Niedereichholz, Unternehmensberatung, Oldenburg-Verlag München

11 | Wie Sie Konkurrenzinformationen in erfolgreiche Strategien umsetzen

Erst durch die Umsetzung konkreter Maßnahmen entsteht aus Ihrer Konkurrenzanalyse ein echter Vorteil.

Szenariotechniken:

Zur Ableitung konkreter Strategien und entsprechender Maßnahmen kann es hilfreich sein, Wettbewerbsszenarien zu entwickeln. Das nachfolgende Beispiel zeigt Ihnen, wie Sie die Auswirkungen und die Eintrittswahrscheinlichkeit mit Hilfe einer Matrix visualisieren können.

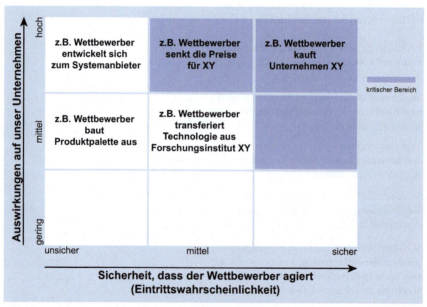

Abbildung 11.6: Bei sehr aktiven Wettbewerbern mit aggressiver Wachstumsstrategie empfiehlt sich die Anwendung von Szenariotechniken, um rechtzeitig auf bedrohende Situationen vorbereitet zu sein. Denken Sie proaktiv.

12 Benchmarking: Orientieren Sie sich am Besten

12.1 Benchmarking

Ab und zu über den Zaun schauen, mal sehen, was der Wettbewerb tut, genügt nicht. Vergleichen Sie sich mit dem Besten. Wer siegen will, muss seine Kräfte messen, genauer gesagt, seine Wirkung auf den Kunden. Erst der Vergleich mit den anderen ermöglicht es, Potenziale zu erkennen und nutzbar zu machen. Benchmarking ist die Methode, eigene Fähigkeiten mit denen der Konkurrenz zu vergleichen, vom Besten der jeweiligen Disziplin zu lernen und sich zum Besten bei bestimmten Leistungsmerkmalen zu entwickeln. **Suchen Sie nach Vorbildern**, denen Sie nacheifern können. Für ein mittelständisches Unternehmen kann das durchaus eine wesentlich größere Firma sein.

- Ist die Firma in der genannten Disziplin so gut?
- Was tat sie, um dahin zu kommen?
- Wie hat sie dies getan?
- Was können Sie vom Besten lernen, was übernehmen, was „abkupfern"?
- Was können Sie anders und noch besser machen?

Streben Sie nach permanenten Verbesserungen, besonders bei Ihrem Marktauftritt und der Bearbeitung Ihrer Kunden. Viele Unternehmer ahnen nicht, welch gewaltiges Potenzial sie nutzen könnten, wenn sie über Jahre ihre Konkurrenz beobachten und sich Schritt für Schritt konsequent abheben würden. Der Benchmarking-Prozess zur kontinuierlichen Verbesserung umfasst sechs Schritte:

1. **Analysieren** Sie Ihre Stärken und Schwächen: im Unternehmen, bei den Produkten und Dienstleistungen, beim Marktauftritt und bei der Kundenbearbeitung.

2. **Arbeiten** Sie Ihre Hauptschwächen und -stärken heraus: Wo ist der dringendste Handlungsbedarf? Wo bestehen besondere Chancen?

3. **Ermitteln** Sie den Besten der Disziplin, in der Sie eigene Schwächen erkennen.

4. Betreiben Sie Ursachenforschung: Warum ist das Unternehmen in der genannten Disziplin so gut? Was tat es, um dahin zu kommen?

5. Setzen Sie die Erkenntnisse im eigenen Unternehmen um: Was können Sie vom Besten lernen, was übernehmen, „abkupfern"? Was können Sie anders und besser machen? Erarbeiten Sie konkrete Leistungsziele und Aktionsprogramme.

6. Messen Sie den Erfolg und beginnen Sie den Prozess von vorne: Haben die Maßnahmen den gewünschten Erfolg gebracht?

Eines ist wichtig: Verlieren Sie trotz der Annäherung an den Besten in einer Disziplin niemals Ihre eigene Unternehmenspersönlichkeit. Machen Sie sich immer wieder die besonderen Fähigkeiten Ihres Unternehmens bewusst und konzentrieren Sie Ihre Kraft darauf. Vermitteln Sie auch in der Öffentlichkeit die Vorteile Ihrer Produkte und Ihres Unternehmens.

> **Benchmarking ist die Methode, eigene Fähigkeiten mit denen der Konkurrenz zu vergleichen, vom Best-of-Class zu lernen und sich zum Best-of-Practice ausgewählter Leistungsmerkmale zu entwickeln.**

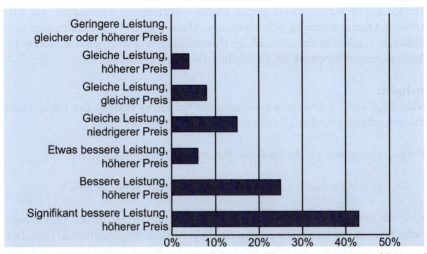

Abbildung 12.1: Erfolgsfaktoren für neue Produkte: Auswirkungen von Leistung und Preis auf die Erfolgswahrscheinlichkeit für neue Produkte am Markt.

12.2 Kundenzufriedenheitsmessungen

Kein Pilot würde sein Flugzeug ohne Navigationshilfen auf dem rechten Kurs halten können. So benötigen Sie Controlling-Informationen, um Ihre Mittel und Ressourcen auf die lukrativsten Aktivitäten zu konzentrieren. Das Controlling soll helfen folgende Fragen zu beantworten:

- Wo stehen wir bei unseren Kunden und am Markt?
  (= Situationsbestimmung)
- Führen unsere Aktivitäten zu den beabsichtigten Zielen?
  (= Maßnahmenkontrolle)
- Haben wir unsere Ziele zufriedenstellend erreicht?
  (= Soll-Ist-Vergleich)
- Was ist zu tun?
  (= Ableiten von Aktivitäten)

Die klassische Vorgehensweise nutzt als Basis vorwiegend Kennzahlen, wie z.B. Umsatz, Deckungsbeitrag, Stückzahl, usw. Diese „harten" Kennzahlen sind sehr hilfreich, reichen heute aufgrund der dynamischen und wechselnden Märkte im Verdrängungswettbewerb als Controlling-Daten aber nicht aus.

Beispiel:
Man tätigt seit 3 Jahren gute Geschäfte mit der Firma Texta & Co. Umsatz und Deckungsbeitrag sind seit 3 Jahren auf hohem Niveau ok.

Prognose-Ergebnis auf der Basis der bisherigen Umsatzentwicklung:

⇨ *„Es wird so bleiben. Vielleicht wird der Umsatz sogar steigen."*

Eine telefonische **Kundenzufriedenheitsbefragung** bringt jedoch gravierende Schwächen in der Kundenbetreuung durch die Vertriebsorganisation zu Tage. Der Kunde bemängelt die schlechte Erreichbarkeit bei telefonischen Auskünften. Die Hotline sei ständig belegt. Die Betreuung durch den Außendienst, obwohl in Prospekten hoch angepriesen, findet für den Kunden praktisch nicht statt, ist also völlig unzulänglich. Der Kunde ist mit der derzeitigen Geschäftssituation völlig unzufrieden und wartet auf die passende Gelegenheit zur Konkurrenz zu wechseln.

Der Außendienstmitarbeiter selber hat jedoch zu keinem Zeitpunkt seinen Chef über die Situation informiert. Möglicherweise war ihm die Brisanz der Lage nicht bewusst.

Prognose-Ergebnis auf der Basis der Kundenzufriedenheitsmessungen:

⇨ *„Der Kunde wird bei nächster Gelegenheit abspringen.*
Der Umsatz wird zusammenbrechen, wenn nichts getan wird."

Controlling im Sinne einer strategischen Positionierung orientiert sich nicht alleine an Hardfacts, wie z.B. Kennzahlen, sondern erfasst Informationen und Stimmungen direkt beim Kunden.

Messen Sie wichtige **Kriterien der Kundenzufriedenheit** regelmäßig. So können Sie **Benchmarks** als Orientierungshilfen nutzen. Sie haben die Basis, um die

Kundenbetreuung, Produkte und Dienstleistungen permanent zu verbessern und damit die Wettbewerbsfähigkeit wirksam zu steigern. Kundenzufriedenheitsmessungen sind Ihre „Just-in-Time-Sensoren" am Markt.

> **Führen Sie mindestens 1-2 Mal jährlich Kundenzufriedenheitsmessungen zu konkreten Themen, z.B. Produkt-Nutzung, durch.**

12.2.1 Was bedeutet Kundenzufriedenheit?

Kundenzufriedenheit ist subjektiv und wird geprägt durch Erwartungen, Wahrnehmungen, Stimmungen und Erfahrungen des einzelnen Kunden. Kundenzufriedenheit ist keine eindeutige Messgröße mit einer eigenen Dimension. Sie kann nicht direkt als eindimensionaler Parameter gemessen werden.

Kundenzufriedenheit muss indirekt durch das Messen von skalierbaren relativen Bezugsgrößen bestimmt werden.

Kundenzufriedenheit wird beeinflusst durch:

- Das eigene Unternehmen
- Den Kunden
- Das gesellschaftliche Anspruchsniveau
- Den Wettbewerb

12.2.2 Warum Kundenzufriedenheitsmessungen?

Wie bereits erläutert, stammt der Umsatz im Unternehmen aus zwei Quellen:

- Neukunden
- Stammkunden

Es ist wesentlich teurer, neue Kunden zu gewinnen, als den gleichen Umsatz mit bestehenden Kunden zu erzielen.

Ein zufriedener Kunde:

- Kauft wieder
- Empfiehlt das Unternehmen weiter
- Beachtet die Konkurrenz weniger
- Kauft weitere Produkte des Unternehmens

Es kostet mindestens zwei bis viermal soviel, den gleichen Umsatz mit neuen Kunden zu realisieren wie mit Stammkunden. Aber es ist fast unmöglich, einen einmal an die Konkurrenz verlorenen Kunden kurzfristig zurückzugewinnen. Hier entstehen erfahrungsgemäß fünf bis zwölfmal so hohe Kosten.

Der Schlüssel zur Kundensicherung ist die **Kundenzufriedenheit**.

> **Kundenzufriedenheitsmessungen sind Steuerungshilfen für das Verhalten von Vertrieb und Service.**

Setzen Sie strategische Prioritäten:

1. **Priorität:** Bestehende Kunden halten und das vorhandene Potenzial maximal ausschöpfen. Bauen Sie durch eine bessere Kundenbindung Barrieren für den Wettbewerber auf.

2. **Priorität:** Neue Kunden akquirieren.

> **Nutzen Sie Ergebnisse von Kundenzufriedenheitsmessungen als Chance, sich am Wettbewerb zu messen aber auch um interne Maßnahmen, Neuerungen sowie konkrete Verbesserungen einzuleiten.**

Wie Sie die Kundenzufriedenheit ermitteln können!

1. **Befragen Sie direkt Kunden (Enduser, OEM, Händler usw.)**
   - Fragebögen im persönlichen Gespräch
   - Telefoninterviews
   - Mail- und Fax-Fragebögen
   - Online-Befragungen

2. **Befragen Sie Mitarbeiter mit häufigem Kundenkontakt**
   - Vertrieb
   - Service

3. **Werten Sie unternehmensinterne Messgrößen aus**

   3.1 **Reaktionen von Kunden**
   - Anzahl von Reklamationen
   - Aufwendungen für die Reklamationsbearbeitung (Stunden, €)

   3.2 **Die Kundenzufriedenheit beeinflussende Messgrößen**
   - Liefertermintreue
   - Technische Produktqualität
     (Anzahl von Gewährleistungsfällen, Rücksendungen)
   - Einhalten der Liefermenge
   - Weitere Benchmarks

Abbildung 12.2: Möglichkeiten zur Ermittlung der Kundenzufriedenheit.

12.3 Aspekte der Kundenbeziehungen

Kundenbeziehungen bieten Eintrittsbarrieren für die Konkurrenz. Je stabiler die Kundenbindung, desto schwerer hat es Ihr Wettbewerber. Wie lassen sich die Beziehungen zum Kunden greifbar machen?

Der Grad der Kundenbeziehung lässt sich über die Messung der Kundenzufriedenheit erfassen. Nur nicht direkt. Dazu erfassen Sie durch einzelne Kriterien (Benchmarks) verschiedene Aspekte der Kundenbeziehung. Sie „zerlegen" sozusagen die Kundenbeziehung in seine messbaren Bestandteile. Wichtig sind dabei die Fragen:

- Was nimmt der Kunde wahr?
- Was ist dem Kunden wie wichtig?
- Wie schneiden wir im Vergleich zum Wettbewerb ab?

Aspekte der Kundenbeziehungen – Benchmarks

1. **Produkt und Leistungen**
   - Erfüllungsgrad der technischen Anforderungen — %
   - Stand der Technik
     (Alter der Produkte im Produktlebenszyklus) — %
   - Time-to-Market — Monate

2. **Auftragsvorbereitende Beziehungen**
   - Erreichbarkeit bei Kundenanfragen
     (Vertriebsabteilung) — %
   - Kompetenz des Außendienstes — -3 ... +3
   - Aussagefähigkeit des Prospektmaterials — -3 ... +3
   - Dauer der Angebotserstellung — Tage
   - Qualität der Angebote — -3 ... +3
   - Lost-Order — %

3. **Auftragsabwicklung**

- Anzahl/Volumen der Bestellungen
  ohne vorhergehendes Angebot   %
- Lieferzeit (auch differenzierte Durchlaufzeiten)   Tage/Wochen
- Engineering   -3 ... +3
- Projektmanagement   -3 ... +3
- Liefertermintreue (Einhaltung/Abweichung-Statistik)   %/Tage
- Einhalten der Liefermenge   %

4. **Service**

- Erreichbarkeit im „Problemfall" (Serviceabteilung)   %
- Dauer von Reparaturen   Tage
- Lieferzeit für Ersatzteile   Tage
- Verfügbarkeit von Servicemitarbeitern   %
- Kompetenz des Services   -3 ... +3
- Flexibilität   -3 ... +3
- Anzahl an Reklamationen   Anzahl/Monat
- Anzahl an Gewährleistungsfällen   Anzahl /Monat
- Aufwendungen für Gewährleistungen   €

5. **Kommerzielle Beziehungen**

- Preis   €
- Preis im Vergleich zum Wettbewerb   %
- Preis-Leistungs-Verhältnis   Leistg./€
- Kulanz   -3 ... +3
- Zahlungskonditionen (generell)   -3 ... +3
- Skonto   %, Tage
- Zahlungsziel   Tage
- Finanzierungsleistungen   -3 ... +3

6. **Generelle Beziehungen**

- Fester Ansprechpartner (z.B. Kundenbetreuer)   -3 ... +3
- Kundenabwanderungsquote   %
- Image des Unternehmens   -3 ... +3

Abbildung 12.3: Aspekte der Kundenbeziehung und Möglichkeiten der Skalierung der einzelnen Benchmarks.

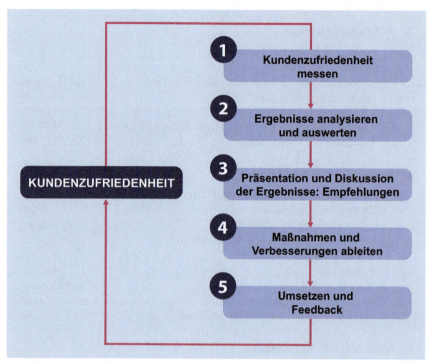

Abbildung 12.4: Kundenzufriedenheitsmessungen dienen der Verbesserung von Kundenbeziehungen. Sie zeigen, wie Sie der Kunde im Vergleich zu Ihrem Wettbewerber beurteilt.

Die nachfolgenden Beispiele zeigen, welche Bedeutung KSB und Siemens Medizintechnik der Durchführung von Kundenzufriedenheitsmessungen beimessen.

KSB	Siemens
Angaben zum Unternehmen:	
KSB AG, Frankenthal, Geschäftstätigkeit: Produktion von Pumpen und Armaturen. Umsatz: 1 Mrd. € (weltweit) Mitarbeiter: 15.000 (weltweit) Kunden: in Deutschland ca. 44.000 aus allen Branchen	Siemens Medizintechnik, Geschäftsgebiet Dentalsysteme, Bensheim, Geschäftstätigkeit: Entwicklung/Herstellung von Dentalgeräten, eigene Handelsorganisation Umsatz: ca. 0,5 Mrd. € (weltweit) Mitarbeiter: 2 500 (weltweit) Kunden: Niedergelassene Zahnärzte, Kliniken, Behörden; Vertragshändler.
Warum erforschen Sie die Zufriedenheit Ihrer Kunden?	
Für ein kundenorientiertes Unternehmen ist es von existentieller Bedeutung, die Meinung der Kunden regelmäßig zu erfragen und daraus Maßnahmen für Verbesserungen abzuleiten.	Der Markt für Dentalgeräte stagniert bzw. wächst nur noch schwach. Deshalb kommt es für die Anbieter darauf an, sich der Loyalität ihrer Kunden zu versichern. Die Zufriedenheit der Kunden ist nämlich ein guter Indikator für den Umsatz von morgen.
Welche Kunden wurden wann, wie und von wem befragt?	
Europaweite schriftliche Befragung von 4.150 A- und B-Kunden. Befragt wurden 8.025 Mitarbeiter aus Einkauf, Planung und Produktion. Bei der Befragung wurde die Hilfe eines externen Beraters in Anspruch genommen.	Die erste Kundenzufriedenheitsanalyse mit Schwerpunkt Deutschland war eine standardisierte, persönliche Befragung von 470 Händlern, Zahnärzten und Zahnarzthelferinnen. Sie wurde im Frühjahr dieses Jahres auf der Internationalen Dentalschau in Köln durchgeführt. Befragung und Auswertung mit Hilfe eines externen Beraters.
Wie haben die Kunden auf die Befragung reagiert?	
Weitestgehend positive Reaktionen von Kunden, länderspezifisch unterschiedliche Rücklaufquoten. Südeuropa eher niedriger, Skandinavien sehr hoch, Deutschland z.B. 30%; Frankreich 20%.	Grundsätzlich positiv. Vor allem viele Zahnärzte begrüßten es, dass der Marktführer sich für ihre Meinung interessierte. Geringfügige Probleme gab es an den beiden ersten Messetagen, die dem Fachhandel vorbehalten waren. Die Händler waren aufgrund voller Terminkalender oft nicht zu Spontan-Interviews bereit.

KSB	Siemens
Gab es Widerstände bei den eigenen Mitarbeitern?	
Nein, keine nennenswerten Widerstände.	Geschäfts- und Verkaufsleitung standen von Anfang an aktiv dahinter. Auch die Mitarbeiter mit Kundenkontakt waren nach anfänglicher Skepsis von der Methode überzeugt.
Hat die Kundenzufriedenheitsmessung zu aussagefähigen Ergebnissen geführt?	
Je nach Rücklaufquote sehr gut verwertbare Ergebnisse, viele Anregungen und Tipps, auch Beschwerden.	Ja, obwohl sich unsere Kunden grundsätzlich sehr zufrieden mit den angebotenen Leistungen zeigten, wurden auch einige (zum Teil überraschende) Schwächen klar.
Welche konkreten Maßnahmen wurden daraus abgeleitet?	
a) Sofortiges Abarbeiten von konkreten Beschwerden. b) Langfristige Prozessverbesserungen c) Feedback an Kunden	Ende Juni dieses Jahres wurde zusammen mit dem eingeschalteten externen Beratungsunternehmen ein Workshop durchgeführt. Führungskräfte (aller Funktionen) diskutierten die Ergebnisse. Um die Schwächen in den Kundenbeziehungen zu beseitigen, wurden konkrete Maßnahmen (mit Zeitplan und Verantwortlichkeiten) beschlossen.
Werden die Ergebnisse der Kundenzufriedenheitsmessung für die Vergütung von Mitarbeitern/Führungskräften herangezogen?	
Nein.	Zur Zeit noch nicht. Mittelfristig ist dies jedoch vorgesehen.
Wie viel Geld hat die Kundenzufriedenheitsmessung gekostet?	
Ca. 35.000 €	Rund 25.000 € für die Konzeption der Messsystematik und die Durchführung/Auswertung der Messebefragung.

KSB	Siemens
Führen Sie künftig regelmäßig Kundenzufriedenheitsmessungen durch?	
Ja, alle zwei Jahre. Die Kundenzufriedenheitsmessung soll europaweit zum ständigen Management-Tool werden.	Ja, die Messung der Kundenzufriedenheit wurde inzwischen auf eine breitere Basis gestellt: Weitere Kernmärkte im Ausland wurden analysiert, z.B. telefonische Befragung in den USA, schriftliche Befragung in Frankreich, schriftliche Befragung für unser Handelsgeschäft mit Verbrauchsmaterialien, telefonische Befragung von Zahnärzten ca. vier Monate nach Installation eines Gerätes (After Sales Marketing). Alle Befragungen werden in verschiedenen zeitlichen Abständen wiederholt.

Abbildung 12.5: Zwei Fallbeispiele: Wie Unternehmen die Zufriedenheit ihrer Kunden messen (Quelle VDI-Nachrichten)

Erfassen Sie die Kundenzufriedenheit in regelmäßigen Intervallen, z.B. zwei mal im Jahr. Werten Sie die Ergebnisse aus. Auf der Basis dieser Ergebnisse können Verbesserungsmaßnahmen erarbeitet werden. Im Team legen Sie konkrete Maßnahmen und Verantwortlichkeiten fest.

Vier Phasen eines Benchmarking-Projektes:

IMPLEMENTIEREN

Wie umsetzen?

- Interne Kommunikation neuer Ideen und „Successful Practices"
- Protokoll mit Executive Summary und Vortragskopien
- Moderator als externer Fachpromotor
- Umsetzung Sofortmaßnahme während des Arbeitskreises
- Umsetzungsprojekte, BM-Kontakt für schnelle Umsetzung nutzen

PLANEN

Festlegung des Objekts, Auswahl der Partner

- Festlegung BM-Projekt
- Finden geeigneter BM-Partner (Profil, Wunschpartner)
- Grob-Analyse Unternehmen
- Evaluation und Auswahl BM-Partner
- Planung Workshops (Termine, Themen nächster Workshop, provisorische Schwerpunktthemen)

ANALYSIEREN

Was ist für unser Unternehmen geeignet?

- Aufstellung/Abstimmung Programm
- Vorbereitung Vorträge = identifizierte „Successful Practices"
- Vorstellung/Diskussion „Successful Practices"
- Besichtigung vor Ort „Successful Practices"
- Zusammenfassung Highlights

SAMMELN

Wer hat welche Successful Practices?

- Konzentration auf die Themen des nächsten Workshops
- Fein-Analyse Unternehmen
- Detaillierte Untersuchung der Stärken und Schwächen (strukturierte Interviews, Kurzfragebögen, Kennzahlen, Prozessabläufe, Supply-Chains)

Offener Austausch mit innovativen Unternehmen verschiedener Branchen

Hindernis: Not invented here   Kapieren statt kopieren!

Abbildung 12.6: Konzept des Benchmarking-Arbeitskreises: 6 Sitzungen in 6 Monaten, 1 ständiges Mitglied, 2-3 Unternehmensvertreter, Koordination und Leitung des Arbeitskreises durch Dritte. Die Auswahl der entsprechenden Partner ist der zentrale Erfolgsfaktor beim Benchmarking-Arbeitskreis. (Quelle: ITEM-SHG, St. Gallen, Absatzwirtschaft)

12 | Benchmarking: Orientieren Sie sich am Besten

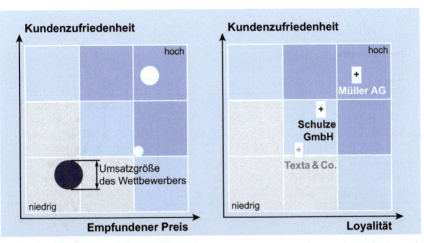

Abbildung 12.7: Entscheidungen für Kundenbearbeitungsstrategien können durch die Darstellung von Kundenzufriedenheit, Preiswürdigkeit aus Kundensicht (empfundener Preis) und Loyalität des Kunden unterstützt werden, erfordern aber qualifizierte Kundenbefragungen. Der Anbieter hat bei seinem Kunden Müller AG eine sehr stabile Lieferantenposition. Der Kunde Texta & Co. droht abzuspringen, da er mit den Leistungen seines Zulieferers nicht zufrieden ist und auch die Frage „Würden Sie morgen wieder bei uns kaufen?" verneint.

**Die Kundenzufriedenheit ist der Gradmesser
für die Qualität der Beziehungen des Unternehmens zu seinen Kunden.
!Haben Sie den Mut, sich mit Ihrer Konkurrenz zu vergleichen!**

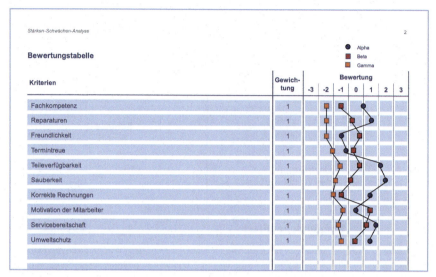

Abbildung 12.8: Drei Konkurrenzfirmen im Vergleich. Mit welcher Servicewerkstatt sind die Kunden am meisten zufrieden?

12.4 Raus aus der Commodity-Falle mit strategisch fokussierter Produktkommunikation

Zufriedene Kunden sind gut. Begeisterung ist besser. "Kunden muss man aquirieren, Fans kommen von alleine."

Kennen Sie das? Sie stellen dem Vertrieb Ihre Produkte vor und immer häufiger hören Sie: „Viel zu teuer. Der Preis viel zu hoch. Schau dir mal die Preise der Wettbewerbsprodukte an. Wie sollen wir so unsere Ziele erreichen?"

Sie versuchen cool zu bleiben, suchen nach signifikanten Differenzierungsmerkmalen und versuchen, die Kollegen vom Mehrwert Ihres Angebots zu überzeugen sowie USPs aufzuzeigen. Aber spontan fällt Ihnen keine wirklich überzeugende Antwort ein und Sie denken, dass Sie sich künftig besser vorbereiten sollten.

Die Commodity-Falle ist eine Situation, in der selbst komplexe Produkte und Dienstleistungen zu austauschbaren „Me-Too-Lösungen" (Commodities) degenerieren. Die Konsequenz: Der Preis entwickelt sich immer mehr zum einzig wahrgenommenen Differenzierungsmerkmal und der Wettbewerb erfolgt primär über den Preis.

Was können Sie tun?

Produktpositionierung, die Argumentation und Einwandentkräftungen für Ihre Produktpräsentationen müssen systematisch zu Ende gedacht werden. Sie sollten hieb- und stichfest Angriffe überstehen und vor allem überzeugend sein: für Vertriebskollegen und natürlich für Kunden.

Das Konzept der strategisch fokussierten Produktkommunikation kann Ihnen helfen, eine wirklich überzeugende Argumentation aufzubauen und damit zumindest für die Zeit bis zum nächsten innovativen Nachfolgeprodukt der Commodity-Falle auszuweichen.

Nachfolgend finden Sie das Konzept der strategisch fokussierten Produktkommunikation als Checkliste.

Checkliste strategisch fokussierte Produktkommunikation

Die strategisch fokussierte Produktkommunikation ist eine Methode, bei der Differenzierungsmerkmale zu Wettbewerbern über den Erfüllungsgrad von Key Buying Factors entwickelt werden.

1. **Marktsegmentierung durchführen**
   - In welchen Marktsegmenten bzw. Kundengruppen lässt sich das Produkt besonders gut verkaufen?
2. **Kaufentscheidende Kriterien definieren (ggf. nach Zielgruppen)**
   - Was erwartet der Kunde? (Grundbedürfnisse wie z.B. Sicherheit, Wirtschaftlichkeit, Schadensverminderung ansprechen)
   - Worauf legt er besonderen Wert?
   - Wer entscheidet? Wer ist Mitentscheider (Beeinflusser)?
   - Nach welchen Kriterien wird über die Beschaffung entschieden?

3. **Stärken-Schwächen-Profil erstellen**
   - Wer ist der ideale Kunde nach Verfahren, Größe, Stückzahl? Wo passt Ihre Lösung am besten?
   - Stärken-Schwächen-Profil der kaufentscheidenden Kriterien (Key Buying Factors) mit Gewichtung. Was ist Entscheidern wichtig? Eigenen Erfüllungsgrad mit dem der Konkurrenz vergleichen!
   - Was erfüllt Ihr Produkt (ggfs. als Lösung anbieten) besser als der Wettbewerb?

4. **Hauptdifferenz zum Wettbewerb herausarbeiten (gibt es USPs?)**
   - Eventuell SWOT-Analyse durchführen
   - Ist der USP/sind die USPs für einen typischen Kunden von besonderer Bedeutung?

5. **Positionierung festlegen**
   - Preis-/Leistungsindex-Diagramm
   - Attribute der Positionierung

6. **Kernbotschaft formulieren**
   - Botschaft und Bild
   - Nutzen und Alleinstellungsmerkmale, jeweils getrennt für die verschiedenen Anwender/Marktsegmente

7. **Argumente konkret und nachvollziehbar darstellen**
   - Eventuell visualisieren, z.B. Kosten gegen Zeit

8. **Durchgängige Botschaft in den Marketing-Mix einfließen lassen**
   - Pressemitteilung, Fachartikel, Broschüre, Homepage, Vortrag, Messe
   - Nutzenbrücken in der Formulierung!

9. **Effektivität überprüfen**
   - Wird die Botschaft richtig verstanden?
   - Eventuell Einwandentkräftungen formulieren

10. **Umsatz / Stückzahlentwicklung beobachten**

13 Konkurrenzanalyse: Ihr Unternehmen auf dem Prüfstand

Sie haben sich entschieden, die Konkurrenzanalyse professioneller durchzuführen? Sie stellen sich die Frage: **„Womit fange ich an?"** Vielleicht müssen Sie auch **Entscheider von Ihrem Vorhaben überzeugen.**

Die nachfolgende Analyse hilft Ihnen, die Situation in Ihrem Unternehmen auf den Prüfstand zu stellen. Arbeiten Sie die folgenden Seiten gewissenhaft durch. Sie benötigen dafür ca. 30 bis 40 Minuten.

1. **Bewerten** Sie die jeweiligen Fragen von -3 (damit sind Sie sehr unzufrieden) bis +3 (damit sind Sie sehr zufrieden; keine Verbesserung mehr möglich bzw. sinnvoll). 0 bedeutet: durchschnittlich, weder gut noch schlecht.

2. **Addieren** Sie jeweils die Ergebnisse der einzelnen Fragen einer Gruppe und teilen Sie diese durch die Anzahl. Damit erhalten Sie das entsprechende Gesamtergebnis einer Gruppe (grau schattiert). Übertragen Sie die jeweiligen Gesamtergebnisse in das Stärken/Schwächen-Diagramm.

3. Leiten Sie konkrete **Maßnahmen** ab.

Danach haben Sie ein konkretes Handlungskonzept für die nächsten Schritte, um an der Konkurrenz vorbeizuziehen. Viel Spaß und Erfolg!

Checkliste Konkurrenzanalyse

Die nachfolgende Analyse hilft Ihnen, Stärken und Schwächen Ihrer eigenen Konkurrenzüberwachung zu identifizieren, um professioneller und erfolgreicher zu werden.
Beantworten Sie die nachfolgenden Fragen unter dem Aspekt wie zufrieden Sie mit der Konkurrenzanalyse in Ihrem Unternehmen sind.

Bewertung: -3 unzufrieden; +3 sehr zufrieden

1. Identifikation der Wettbewerber	-3　　0　　+3
Es existiert eine vollständige Liste der Wettbewerber	
für Deutschland	○○○○○○○
für weitere A-Länder	○○○○○○○
für weitere B-Länder	○○○○○○○
Die Marktanteile und Umsatzzahlen der Hauptwettbewerber sind bekannt	○○○○○○○
Die Wettbewerber sind nach Bedeutung klassifiziert (z.B. mit einer ABC-Analyse)	○○○○○○○
Es existiert eine Matrix	
Wettbewerber/Produkte	○○○○○○○
Wettbewerber/Dienstleistungen	○○○○○○○
Wettbewerber/Marktsegmente bzw. Großkunden	○○○○○○○
Gesamt	

2. Informationsfelder	-3　　0　　+3
Die zu beobachtenden Informationsfelder sind festgelegt (z.B. Unternehmen, Produkte, Preise, Marktauftritt usw.)	○○○○○○○
Gesamt	

3. Quellen, Beschaffung, Durchführung	-3 0 +3
Für die Beschaffung sind Quellen definiert, die nutzbar sind (z.B. Unternehmensdaten online bei Dun&Bradstreet)	○○○○○○○
Es existiert eine Matrix: Informationsfeld (was?) / Quellen (wo beschaffen?)	○○○○○○○
Wie zufrieden sind Sie mit der Nutzung von folgenden Quellen	
Eigene Mitarbeiter	
GL/Vorstandskontakte	○○○○○○○
Eigene Vertriebsmitarbeiter	○○○○○○○
Eigene Servicemitarbeiter	○○○○○○○
Eigenes Produktmanagement	○○○○○○○
Eigene Einkäufer	○○○○○○○
Sonstige Mitarbeiter	○○○○○○○
Internet	
Homepage des Wettbewerbs	○○○○○○○
Suchmaschinen, z.B. google.de	○○○○○○○
Nützliche Websites, z.B. globalspec.com	○○○○○○○
Online-Datenbanken, z.B. FIZ, Genios	○○○○○○○
Dokumente	
Geschäftsberichte	○○○○○○○
Kataloge und Prospekte	○○○○○○○
Technische Dokumente	○○○○○○○
Preislisten	○○○○○○○
Veröffentlichungen	
Stellenanzeigen	○○○○○○○
Werbeanzeigen	○○○○○○○
Pressemitteilungen und Fachartikel	○○○○○○○
Videos	○○○○○○○
Patentrecherchen	○○○○○○○

	-3 0 +3
Field-Research	
Produktuntersuchungen und Vergleiche	○○○○○○○
Angebotsvergleiche	○○○○○○○
Win-Order-, Lost-Order-Analysen	○○○○○○○
Kundenbefragungen	○○○○○○○
Befragungen von Wiederverkäufern	○○○○○○○
Befragungen von Lieferanten	○○○○○○○
Direkte Kontakte zu Wettbewerbern	○○○○○○○
Kundenproblem-Analysen	○○○○○○○
Persönliche Kontakte in Verbänden	○○○○○○○
Messepräsentationen	○○○○○○○
Externe Spezialisten, z.B. Berater, Dienstleister	○○○○○○○
Gesamt	

4. Archivierung

	-3 0 +3
Wie zufrieden sind Sie mit der konsequenten Pflege und Nutzung folgender Archivierungsarten	
Ablageschrank	○○○○○○○
Elektronische Datenbank	○○○○○○○
Umfangreiche/„vollständige" Datensammlung	○○○○○○○
Die Daten sind systematisch geordnet, übersichtlich archiviert und schnell abrufbar	○○○○○○○
Für eine regelmäßige Aktualisierung ist gesorgt	○○○○○○○
Gesamt	

5. Verantwortungsmatrix   -3   0   +3

Wie gut sind folgende Verantwortlichkeiten in Ihrem Unternehmen festgelegt:

Beschaffung	○○○○○○○
Erfassung/Archivierung/Datenbankpflege	○○○○○○○
Auswertung	○○○○○○○
Gesamtverantwortung	○○○○○○○
	Gesamt

6. Auswertung   -3   0   +3

Wie zufrieden sind Sie mit der Auswertung der Konkurrenzinformationen?

Systematische Auswertung	○○○○○○○
Standardisierte Visualisierungsmethoden werden genutzt	○○○○○○○
PC-gestützte Visualisierungstools werden genutzt	○○○○○○○
	Gesamt

7. Reporting   -3   0   +3

Wie zufrieden sind Sie mit dem Reporting über gewonnene Informationen?

Generelle Verteilung von Wettbewerbsinformationen funktioniert gut	○○○○○○○
Flash News mit hoher Dringlichkeit werden schnell verteilt	○○○○○○○
Monatlicher (oder regelmäßiger) Bericht: Konkurrenz-News	○○○○○○○
Strategischer Jahresbericht wird erstellt	○○○○○○○
Für Reports existiert ein eigens festgelegtes Layout	○○○○○○○
Management-Sitzungen/Besprechungen finden statt	○○○○○○○
	Gesamt

8. Nutzerkreis   -3   0   +3

Wie zufrieden sind Sie mit der Nutzung der Wettbewerbsinformationen?

Verteiler für Reports und Infos sind festgelegt ○○○○○○○

Gesamt

9. Bedeutung und Nutzung   -3   0   +3

Welche Bedeutung hat die Konkurrenzanalyse in Ihrem Unternehmen?

Die Konkurrenzanalyse hat einen adäquaten Stellenwert ○○○○○○○
Unterstützung durch die Unternehmensleitung ist gesichert ○○○○○○○
Infos werden durchgängig von allen Betroffenen genutzt ○○○○○○○

Wie zufrieden sind Sie mit der Nutzung von Wettbewerbsinformationen in folgenden Bereichen?

Vorstand/Geschäftsleitung ○○○○○○○
Produktmanagement, Marketing ○○○○○○○
Vertrieb, Key Account Management ○○○○○○○
Kundendienst, Service ○○○○○○○
F&E, Konstruktion ○○○○○○○
Fertigung ○○○○○○○
Materialwirtschaft, Einkauf, Logistik ○○○○○○○
Personalwesen ○○○○○○○
Sonstige ○○○○○○○

Wofür werden die Informationen genutzt?

Zielsetzungen ○○○○○○○
Strategien ○○○○○○○
Marktauftritt / Kommunikation ○○○○○○○
Produktentwicklung ○○○○○○○
Preispositionierung ○○○○○○○

13 | Konkurrenzanalyse: Ihr Unternehmen auf dem Prüfstand

Wofür sollte die Konkurrenzanalyse Ihrer Meinung nach noch genutzt werden?

Gesamt

10. Kommunikation -3 0 +3

Regelmäßiger Erfahrungsaustausch findet statt
In Meetings haben Infos über die Konkurrenz
einen festen Platz ○○○○○○○

Gesamt

11. Budget -3 0 +3

Es steht ein ausreichendes jährliches Budget
zur Verfügung ○○○○○○○

Gesamt

12. Churn-Analyse -3 0 +3

Es wird gemessen bzw. abgeschätzt (z.B. jährlich)
Wie viele Kunden wechseln zur Konkurrenz
(Migrationsrate und Gründe) ○○○○○○○
Wie viele Kunden springen von der Konkurrenz ab
und wechseln zu Ihnen ○○○○○○○

Gesamt

13. Generelles

	-3	0	+3
Angemessene Kenntnisse über die Konkurrenz sind bei allen Betroffenen vorhanden	○○○○○○○		
Die Bereitschaft, die Konkurrenz zu überwachen, ist bei allen Betroffenen vorhanden	○○○○○○○		

Sonstige Punkte, die zu berücksichtigen sind:

Gesamt

Auswertung

a) Tragen Sie die jeweiligen Gesamtergebnisse (blaue Balken) in das nachstehende Stärken-Schwächen-Diagramm ein.

b) Welches Resümee ziehen Sie aus den o.g. Antworten?

c) Leiten Sie jetzt konkrete Maßnahmen ab (Formular SWOT)

Stärken-Schwächen-Diagramm

Kriterien	Bewertung						
	-3	-2	-1	0	+1	+2	+3
1. Identifikation der Wettbewerber							
2. Informationsfelder							
3. Quellen, Beschaffung, Durchführung							
4. Archivierung							
5. Verantwortungsmatrix							
6. Auswertung							
7. Reporting							
8. Nutzerkreis							
9. Bedeutung und Nutzung							
10. Kommunikation							
11. Budget							
12. Churn-Analyse							
13. Generelles							

Maßnahmenplan

Maßnahmen für: _____

Nr:	Maßnahme:	Verantwortlicher:	Start:	Ende:
1.				
2.				
3.				
4.				
5.				
6.				
7.				
8.				
9.				
10.				
11.				
12.				

Arbeitshilfen

Bewertung eines Konkurrenzunternehmens

1. Unternehmen

1.1 Unternehmen	
Adresse	
Telefon	
Fax	
E-Mail	
Internet	
Standorte	
Gründungsjahr	
Mitarbeiterzahl	
Umsatz	
Gewinn	
Ziel(e)	
Strategie(n)	
Unternehmensleitbild/-kultur	
Kernkompetenzen	

Bewertung Kernfähigkeiten: _____
Stärken: _____
Schwächen: _____

1.2 Organisationsstruktur	
Organisationsform	
Eigentumsverhältnisse	
Konzernzugehörigkeit	
Beteiligungen	
Geschäftsbereiche	

Bewertung organisatorische Stärke: _____
Stärken: _____
Schwächen: _____

1.3 Marktposition
- Internationalisierungsgrad
- Branchenschwerpunkte
- Hauptzielgruppen
- Bedeutende Key Accounts
- Marktanteil
- Marktposition
- Markenstärke

Bewertung Marktpositionstärke: _____
Ziele: _____
Strategien: _____

1.4 Management
- Vorstand/Geschäftsführung
- Manager-Persönlichkeiten
- Führungskultur

Bewertung Managementstärke: _____
Ziele: _____
Strategien: _____

1.5 Mitarbeiter
- Qualifikation
- Motivation

Bewertung Mitarbeiterstärke: _____
Stärken: _____
Schwächen: _____

1.6 Kostenstruktur

Umsatz	
Gewinn	
Cash-Flow	
Investitionen	
Umsatzrendite	
Pro-Kopf-Umsatz	
Eigenkapitalquote	
Aktienkurs (zeitl. Verlauf)	
Kreditwürdigkeit	

Bewertung Kapitalstärke: _____
Stärken: _____
Schwächen: _____

2. Produktangebot

Produktgruppen und Produkte	
Hauptumsatzträger/Schlüsselprodukte	
Typische Produktqualität	
Verfügbare Technologien	
Besondere Zulassungen	
Patente/Schutzrechte	

Bewertung Produktstärke: _____
Stärken: _____
Schwächen: _____

3. Preise und Preisverhalten

Preispositionierung	
Preisverhalten	
Rabattgefüge	

Bewertung der Preisstärke: _____
Stärken: _____
Schwächen: _____

4. Service-/Dienstleistungen

Besondere Dienstleistungsangebote	
Anzahl Servicemitarbeiter	

Bewertung Service-/Dienstleistungsstärke: _____
Stärken: _____
Schwächen: _____

5. Forschung und Entwicklung

Ausstattungsgrad	
Mitarbeiterzahl	
Engagement Normungsgremien/ Verbände	
Besonderes F&E-Know-how	
Besondere Patente	

Bewertung F&E-Stärke: _____
Stärken: _____
Schwächen: _____

6. Beschaffung

Internationalisierungsgrad	
Hauptlieferanten	

Bewertung Beschaffungsstärke: _____
Stärken: _____
Schwächen: _____

7. Produktion

Produktionsstätten	
Ausstattung und Modernisierungsgrad	
Mitarbeiterzahl	
Fertigungstiefe	
Produktionsverfahren	
Produktions-Know-how	

Bewertung Produktionsstärke: _____
Stärken: _____
Schwächen: _____

8. Vertrieb

Vertriebswege	
Vertriebsorganisation	
Vertriebsregionen	
Anzahl Vertriebsmitarbeiter	
Inlandstöchter, Vertretungen	
Auslandstöchter, Vertretungen	

Bewertung Vertriebsstärke: Inland ....
                                       Rest-Europa ....
                                       Asien ....
                                       USA ....
Stärken: _____
Schwächen: _____

9. Marketing

Webseite	
Online-Marketing	
Direktmarketing	
PR	
Werbung	
Verkaufsförderung	
Messen	
Events	
Product Placement	

Bewertung Marketingstärke: _____
Stärken: _____
Schwächen: _____

Stärken-Schwächen-Profil

Kriterien	-3	-2	-1	0	+1	+2	+3
Kernfähigkeiten							
Organisatorische Stärke							
Marktpositionsstärke							
Managementstärke							
Mitarbeiterstärke							
Kapitalstärke							
Produktstärke							
Preisstärke							
Service-Dienstleistungsstärke							
F&E-Stärke							
Beschaffungsstärke							
Produktionsstärke							
Vertriebs-Stärke Inland							
Vertriebs-Stärke Rest-Europa							
Vertriebs-Stärke Asien							
Vertriebs-Stärke USA							
Marketingstärke							

(Bewertung)

Abkürzungsverzeichnis

ADM	Außendienstmitarbeiter
BM	Branchen-Management
F&E	Forschung und Entwicklung
GuV-Rechnung	Gewinn- und Verlustrechnung
HV	Handelsvertreter
IHK	Industrie- und Handelskammer
IT	Informationstechnologie
KAM	Key Account Management
KBF	Key Buying Factors (kaufentscheidende Kriterien)
KFS	Key Factors of Success (Erfolgsfaktoren)
OEM	Original Equipment Manufacturer
PR	Public Relations (Öffentlichkeitsarbeit)
SGE	Strategische Geschäftseinheit
SWOT	Strengths, Weaknesses, Opportunities, Threads (Stärken, Schwächen, Chancen, Gefahren)
USP	Unique Selling Proposition/Unique Selling Point
VDMA	Verband Deutscher Maschinen- und Anlagenbauer e.V.
ZVEI	Zentralverband Elektrotechnik- und Elektronikindustrie e.V.

Weiterführende Informationsquellen

1. Adressenverlage

Acxiom Deutschland GmbH
www.acxiom.de

Faust Information GmbH
www.adressdatenbanken.de

Bisnode Deutschland GmbH
www.bisnode.de

Schober Information Group Deutschland GmbH
www.schober.de

2. Anbieter für softwareunterstützte Konkurrenzanalyse und Wettbewerberdatenbanken

Netvibes
www.netvibes.com

Steinbeis - Transferzentrum für Unternehmensentwicklung an der Hochschule Pforzheim (SZUE)
www.management-monitor.de

3. Auskunfteien

Bisnode Deutschland GmbH
www.bisnode.de

Bundesanzeiger Verlag Datenservice
www.bundesanzeiger-datenservice.de

Creditreform Wiesbaden Hoffmann & Nikbakht KG
www.creditreform-wiesbaden.de

SCHUFA Holding AG
www.meineschufa.de

Unternehmensregister
www.unternehmensregister.de

WID Wirtschafts-Informations-Dienst GmbH
www.wid-gmbh.de

Wer liefert was? GmbH (Seibt Industrieinformationen)
www.seibt.com

4. Datenbank-Anbieter

ABC der deutschen Wirtschaft GmbH
(B2B-Lieferantendatenbank für den Mittelstand)
www.abconline.de

Bisnode Deutschland GmbH
www.bisnode.de

DIMDI Deutsches Institut für Medizinische Dokumentation und Information
www.dimdi.de

GBI-Genios Deutsche Wirtschaftsdatenbank GmbH
www.genios.de

NWB Verlag GmbH & Co. KG
www.nwb.de

ProQuest Company
www.proquest.com

Questel
www.questel.com

STN International Europe
www.stn-international.de

Verlag W. Sachon GmbH+Co.KG
www.sachon.de

WTI-Frankfurt eG
www.wti-frankfurt.de

5. Elektronische Marktplätze

abc markets B2B Communication Service GmbH
www.abcmarkets.com

B2B-Online-Marktplatz mit umfangreichem B2B-Sortiment: von Büromaterial über Labor- und IT-Bedarf bis hin zur Betriebs- und Lagerausstattung
www.mercateo.com

B2B-Plattformen für den Automobilteilehandel
www.tecdoc.de / www.teccom.de

B2B-Plattform für den Handel der Branchen Werkzeuge, Beschläge, Eisenwaren, Holz, Gartengeräte und technischer Bedarf
www.nexmart.de

Branchenübergreifender B2B-Marktplatz für Produkte und Dienstleistungen
www.bridge2b.com

Plattform für die Automobil-, Luft- und Raumfahrt-, sowie Fertigungsindustrie
www.supplyon.de

Plattform für Produktrecherche der deutschen Investitionsgüterindustrie
www.vdma-e-market.de

6. EU- und Bundesbehörden

Amt für Veröffentlichungen der EU, Luxemburg (Luxembourg)
http://publications.europa.eu

Bundesamt für Wirtschaft und Ausfuhrkontrolle (BAFA), Eschborn
www.bafa.de

Bundeskartellamt, Bonn
www.bundeskartellamt.de

Deutsche Gesellschaft für Internationale Zusammenarbeit (GIZ) GmbH, Bonn und Eschborn
www.giz.de

Deutsches Patent- und Markenamt, München
www.dpma.de

Europäisches Patentamt
www.epo.org

Germany Trade and Invest – Gesellschaft für Außenwirtschaft und Standortmarketing mbH
www.gtai.de

Kraftfahrt-Bundesamt, Flensburg
http://www.kba.de

Statistisches Amt der Europäischen Union (EuroStat)
http://epp.eurostat.ec.europa.eu

Statistisches Bundesamt, Wiesbaden
http://www.destatis.de

7. Informationsdienstleister

infobroking lutz
www.infobroking.de

infomarketing –
Gesellschaft für Informationsanalyse und Marketingberatung mbH
www.infomarketing.de

LexisNexis GmbH
www.lexisnexis.de

Verband der Vereine Creditreform e.V.
www.creditreform.de

8. Marketing

www.acquisa.de (Portal für Marketing und Vertrieb)
www.markenlexikon.com
www.marketing.de
www.marketingpower.com (American Marketing Association)
www.marketingverband.de
www.pressrelations.de

9. Marktforschungsinstitute

Foerster & Thelen Marktforschung Feldservice GmbH
www.ftmafo.de

GfK SE
www.gfk.com

icon Wirtschafts- und Finanzmarktforschung GmbHicon added value GmbH
www.icon-added-value.de

Ipsos GmbH
www.ipsos.de

Nielsen
www.nielsen.com

Psyma Research+Consulting
www.psyma.com

TNS
www.tnsglobal.com

Kantar EMNID
www.tns-emnid.com

Kantar TNS
www.tns-infratest.com

10. Messen

www.auma.de
www.expodatabase.de
www.gima.de

11. Meta-Suchmaschinen

www.metacrawler.com

12. Online-Presseportale und Nachrichtenagenturen

www.categorynet.com
www.dailynet.de
www.firmenpresse.de
www.inar.de
www.indiaprwire.com
www.lifepr.de
www.online-artikel.de

www.openbroadcast.de
www.openpr.de
www.press1.de
www.pressbot.net
www.pressebox.de
www.presseecho.de
www.presseportal.de
www.pressetext.com
www.prnewswire.com
www.prweb.com
www.repandre.com
www.standardnewswire.com

13. Online-Zeitungen/-Zeitschriften

www.absatzwirtschaft.de
www.faz.net (Frankfurter Allgemeine Zeitung für Deutschland)
www.handelsblatt.com
www.industrie.de (Fachportal für Wirtschaft und Technik)
www.vdi-nachrichten.com (Infoportal für Ingenieure)

14. Patentdatenbanken (nationale, internationale und kommerzielle)

Derwent World Patents Index® von Thomson Reuters
www.thomsoninnovation.com

Google Patents von Google
www.google.com/patents

Patent Full-Text and Full-Page Image Databases
des US-Patent- und Warenzeichenamtes (United States Patent and Trademark Office, USPTO)
www.patft.uspto.gov

15. Produktsuche

www.globalspec.com
www.google.com/prdhp
Siehe auch 5. Elektronische Marktplätze

16. Soziale Netzwerke für berufliche Kontakte

www.linkedin.de
www.xing.com

17. Stellenangebote

www.ingenieurkarriere.de
www.job.de
www.jobs.de
www.monster.de
https://stellenmarkt.faz.net/

18. Suchmaschinen

www.altavista.com
www.google.de
www.web.de
https://de.yahoo.com/
https://search.yahoo.com/
www.yellow.com
www.technorati.com (Suchmaschine für Blogs)

19. Unternehmensinformationen
Elektronische Handelsregister der EU-Mitgliedsstaaten

Belgien:	www.eurodb.be
Bulgarien:	www.beis.bia-bg.com; www.brra.bg
Dänemark:	www.eogs.dk
Deutschland:	www.unternehmensregister.de; www.bundesanzeiger.de
Estland:	www.rik.ee; www.e-krediidiinfo.ee
Finnland:	www.prh.fi
Frankreich:	www.euridile.inpi.fr
Griechenland:	www.icap.gr
Großbritannien:	www.companieshouse.gov.uk
Irland:	www.cro.ie;
Italien:	www.infocamere.it; www.registroimprese.it; www.ahk-italien.it
Lettland:	www.lursoft.lv
Litauen:	www.registrucentras.lt
Luxemburg:	bislang nicht verfügbar
Malta:	www.mfsa.com.mt; www.registry.mfsa.com.mt;
Niederlande:	www.kvk.nl
Österreich:	www.bmj.gv.at; www.handelsregister.at; www.justiz.gv.at
Polen:	www.ms.gov.pl
Portugal:	bislang nicht verfügbar
Rumänien:	www.mfinante.ro
Schweden:	www.bolagsverket.se
Slowakei:	www.justice.gov.sk
Slowenien:	www.ajpes.si
Spanien:	www.registradores.org
Tschechien:	www.justice.cz
Ungarn:	https://occsz.e-cegjegyzek.hu/
Zypern:	www.mcit.gov.cy

Weitere Quellen für Unternehmensinformationen

http://de.kompass.com
www.diedeutscheindustrie.de
www.europages.de
www.firmendatenbank.de (Bisnode)
www.seibt.com

www.sjn.com
www.worldindustrialreporter.com
www.wlw.de (Wer liefert was? Lieferantensuchmaschine)

20. Unternehmenskooperationen gegen Produktfälschungen

Aktionskreis gegen Produkt- und Markenpiraterie e. V. (APM)
www.markenpiraterie-apm.de

Business Software Alliance (BSA)
www.bsa.org
GVU – Gesellschaft zur Verfolgung von Urheberrechtsverletzungen e.V.
www.gvu.de

21. Wirtschaftsverbände, Vereine und Portale

Ausstellungs- und Messe-Ausschuss der Deutschen Wirtschaft e.V. (AUMA)
www.auma.de

Bundesverband der Deutschen Industrie e.V. (BDI)
www.bdi.eu

Deutscher Industrie- und Handelskammertag e.V. (DIHK)
www.dihk.de

Deutscher Marketing-Verband e.V.
www.marketingverband.de

DGI Deutsche Gesellschaft für Informationswissenschaft und Informationspraxis e.V.
www.dgi-info.de

DIN Deutsches Institut für Normung e. V.
www.din.de

EUROPA – Das Portal der europäischen Union
https://europa.eu/european-union/index_de

Verband der Automobilindustrie e.V. (VDA)
www.vda.de

Verband Deutscher Maschinen- und Anlagenbau e.V. (VDMA)
www.vdma.org

Verein Deutscher Ingenieure e.V. (VDI)
www.vdi.de

Zentralverband Elektrotechnik- und Elektronikindustrie e.V. (ZVEI)
www.zvei.org

Weiterführende Literatur

Deutsch:

Emmerich, Volker: Unlauterer Wettbewerb, C. H. Beck 2016

Esch, Franz-Rudolf: Strategie und Technik der Markenführung, Vahlen 2014

Frey-Luxemburger, Monika: Wissensmanagement - Grundlagen und praktische Anwendung: Eine Einführung in das IT-gestützte Management der Ressource Wissen (IT im Unternehmen), Springer Vieweg; 2014

Kairies, Peter: Professionelles Produktmanagement für die Investitionsgüterindustrie. Praxis und moderne Arbeitstechniken, expert verlag 2009

Kairies, Peter: Moderne Führungsmethoden für Projektleiter. Professionelles Projektmanagement – Erfolgsfaktoren – Praxistipps, expert verlag 2011

Kreis, Henning; Kuß, Alfred; Wildner, Raimund: Marktforschung: Grundlagen der Datenerhebung und Datenanalyse, Springer Gabler 2014

Meffert, Heribert; Burmann, Christoph; Kirchgeorg, Manfred: Marketing. Grundlagen marktorientierter Unternehmensführung. Konzepte – Instrumente – Praxisbeispiele, Springer Gabler 2014

Micic, Pero: Die fünf ZukunftsBrillen. So werden Sie zum Vordenker, GABAL-Verlag 2013

Porter, Michael E.: Wettbewerbsvorteile. Spitzenleistungen erreichen und behaupten, Campus Verlag 2014

Porter, Michael E.; Brandt, Volker; Schwoerer, Thomas Carl: Wettbewerbsstrategie. Methoden zur Analyse von Branchen und Konkurrenten, Campus Verlag 2013

Wehrlin, Ulrich: Competitive Intelligence: Wettbewerbsvorteile sichern durch Optimierung der strategischen Wettbewerbsposition, AVM - Akademische Verlagsgemeinschaft München 2012

Englisch:

Fleisher, Craig S.; Bensoussan; Babette E.: Business and Competitive Analysis. Effective Application of New and Classic Methods, FT Press 2015

Hedin, Hans; Hirvensalo, Irmeli; Vaarnas, Markko: The Handbook of Market Intelligence. Understand, Compete and Grow in Global Markets, Wiley 2014

Hooley, Graham J.; Nicoulaud, Brigitte; Piercy, Nigel F.: Marketing Strategy and Competitive Positioning, Financial Times Prentice Hall 2014

Ioia, Maria: The New Rules of Competitive Intelligence, XLIBRIS 2014

Murphy, Christopher: Competitive Intelligence: Gathering, Analysing and Putting it to Work, Gower 2016

Nussbaumer Knaflic, Cole: Storytelling with Data: A Data Visualization Guide for Business Professionals Wiley, 2015

Nelke, Margareta; Håkansson Charlotte: Competitive Intelligence for Information Professionals, Chandos 2015

Williams, Steve: Business Intelligence Strategy and Big Data Analytics: A General Management Perspective, Morgan Kaufmann 2016

Sachwortregister

A

Adressen
 -verlage 41, 182
 Deck- 37
Analyse
 Chancen/Gefahren- 96
 -objekte 15, 16
 Potenzial- 88, 95, 96
 Potenzial/Ressourcen- 88, 92
 Produktlebenszyklus- 98
 Stärken/Schwächen- 88, 92, 94, 95, 101, 123
Anbieterverzeichnissen 41
Anforderungskatalog 130
Angebotseinholung 37
Archivierung 8, 14, 21, 27, 34, 128, 129
Ausstellungen 47
Auswertung 14, 17, 21, 27, 34, 46, 88, 157, 158

B

Befragung 8, 10, 44, 45, 52, 78, 157, 159
Bench
 -marking 13, 132, 133, 147, 148, 160, 181
Bench-
 marks 37, 150, 153, 154, 155
Berichtswesen 28
Best-of-Class 148
Beziehungsmarketing 142
Bookmarking-Dienst 55, 56, 59
Branchen 8, 9, 19, 89, 90, 138, 157, 193
 -vergleich 122

Briefing 44, 125
Budget 4, 17, 24, 131

C

Cash cow 103
Chancen/Gefahren-Analyse 96
Checkliste Konkurrenzanalyse 18, 166
Content-Curation-Tool 56
Controlling 149, 150

D

Datenbanken 8, 13, 14, 16, 19
 -angebot 64
 bibliografische 63
 Fakten- 63, 64
 Online- 8, 13, 16, 19, 42, 63, 64, 66
 Volltext- 63, 64
 Wettbewerber- 8, 130, 182
Datenstrukturen 131
Definitionsphase 3
Desk-Research 36
Dienstleistungen 3, 23, 26, 30, 47, 78, 79, 83, 94, 119, 135, 136, 138, 139, 147, 151, 178
Dienstleistungsführerschaft 139
Diversifikation 140
Dog 102
Druckschriften 36
Durchlaufzeiten 22, 155

E

Einführungsphase 99
Einkaufsführer 41

Eintrittsbarrieren 141, 142, 143, 144, 154
Elimination 99
E-Mail 40, 44, 45, 46, 55, 69, 70, 72, 73
-Newsletter 40, 55, 69
Erfolgs-
-faktoren 87, 124, 149, 181, 193
-wahrscheinlichkeit 149

F

F&E-Stärke 82, 117, 178, 180
Facebook 61, 62
Fach
-messen 30
-zeitschriften 36, 41, 66
Field-Research 35, 43
Firmenauskünfte 36
Flash-News 23
Fragebogen 44, 46, 51, 153
Frühwarnsystem 23
Führungskräfte 8, 12, 124, 158

G

Geschäftseinheit, strategische 106
Globalisierung 2, 82, 117, 118, 120
Google Alerts 55, 70, 71, 72

H

Händler 46, 68, 153, 157
Handlungsbedarf 23, 28, 87, 97, 147
Haupt-
-umsatzträger 83, 118
-umsatzträgern 92, 99
-wettbewerber 79
Homepage 40, 45

I

Imageführerschaft 139
Informationen
Basis- 28, 90
Wettbewerbs- 3, 13, 17, 30, 31, 34, 35, 47, 125, 126, 169, 170
Informations-
-felder 26, 78, 86, 113, 128, 130, 166, 173
-gewinnung 36, 43, 54, 61, 62, 69
-quellen 8, 13, 20, 34, 35, 36, 43, 46, 49, 62, 66, 73, 182
Innovation 1, 3
Innovationsführer 80
Internet 19, 36, 42
Interview
Kundengruppen- 47
-leitfaden 51
-partner 44, 45, 53
Persönliches 44
-techniken 50

J

Jahresbericht, strategischer 125, 169

K

Kapital-Stärke 81, 116, 177
Kennzahlen 150
Kernkompetenzen 115, 137
Key Buying Factors 123
Know-how 81, 116, 117, 129, 137, 140
Kommunikation 23, 28, 44, 84, 120, 125
Kongresse 47
Konkurrenten 1, 5, 16, 20, 21, 22, 26, 30, 31, 32, 33, 34, 35, 37, 43, 46, 47, 48, 53, 62, 68, 69,

70, 74, 78, 79, 89, 93, 125, 128, 129, 143, 193
Konkurrenz
  -analyse 7, 11, 12, 15, 17, 18, 19, 20, 21, 22, 24, 25, 27, 54, 62, 63, 88, 91, 92, 101, 113, 127, 144, 146, 165, 166, 170, 171, 182
  -beobachtung 1, 2, 11, 18, 19
  -daten 4, 8, 14, 22, 24, 36, 125
  -forschung 7, 8, 10, 15, 17, 124
  -informationen 8, 14, 15, 16, 22, 26, 28, 35, 63, 89, 124, 125, 128, 129, 135, 169
  -Informations-System 124
  -produkte 123
  -überwachung 2, 4, 8, 11, 24, 166
  -überwachungssystem 4
Kosten
  -aufwand 44
  -schwellen 140
  -struktur 66, 78, 81, 116, 145, 177
Kunden 1, 2, 3, 16, 22, 36, 37, 43, 44, 46, 47, 48, 49, 52, 54, 65, 68, 93, 119, 120, 135, 136, 138, 139, 142, 143, 144, 147, 149, 150, 151, 152, 153, 154, 157, 158, 159, 161, 162, 171
  -befragung 47, 52
  -beziehung 142, 154, 155
  -bindung 142, 144, 152, 154
  -dienst 43, 170
  -gruppen-Interview 47
  -kontakt 35, 43, 153, 158
  -orientierung 1, 84, 114
  -probleme 137
  Neu- 151
  -nutzen 94, 139

Stamm- 151, 152
  -zufriedenheit 150, 151, 152, 153, 154, 159, 161
Kuratierfunktion 55

L

Lebensphasen 100
Lebenszyklus-Analyse 88
Lieferanten 16, 48, 93, 118

M

Management-Tool 159
Marketingaktivitäten 101, 102, 137
Markt
  -anteil 88, 89, 101, 102, 103, 104, 105, 108, 120, 139
  -anteilsführerschaft 139
  -attraktivität 88, 101, 103, 104, 105, 106, 108
  -bedürfnisse 3
  -beherrschung 85
  -durchdringung 90
  -erfolg 4, 15, 103, 126, 135
  -erhebung 8
  -forschungsinstitute 42, 186
  -führer 1, 80, 113, 139, 157
  -führerschaft 103, 135, 137
  -plätze, elektronische 68, 184
  -position 23, 80, 84, 86, 88, 91, 101, 103, 119, 138
  -rückgangsphase 99
  -sättigungsphase 99
  -segmentierung 103, 135
  -vorteile 95
  -wachstum 88, 101, 102, 103, 104, 105, 108
Maßnahmenkontrolle 149

Matrix
  Aufgaben- 127
  -technik 88, 89
Messe 102
  -kontakte 46
  -pfad 30, 31
  -stand 20, 31
Methode KISS 143

N
Nachentwicklungen 29
Netzdarstellung 109, 111
Neuausrichtung, strategische 138
Nischenanbieter 80
Normstrategien 106, 107
Normungsgremien 49
Nutzen
  -führerschaft 139
  -innovationen 135
Nutzerkreis 28, 124

O
Online-
  -Befragung 45
  -Umfragen 45
Organisationsstruktur 80, 115, 175
Outphasing 99

P
Papierablage 128
Patentanmeldungen 32
Phasen 99, 160
Portfolio 88, 101, 103, 104, 105, 106, 107, 108
  -Analyse 101
  -Diagrammen 107

Kundenattraktivität/Lieferantenposition- 88, 101
Marktattraktivität/Entwicklungspotenzial- 101
Marktattraktivität/Wettbewerbsstärke- 88, 101, 104, 105, 106
Marktwachstum/Marktanteil- 88, 101, 103, 104
  -Methode 101
Preis/Kundenzufriedenheits- 88
  -Technik 106
Technikposition/Marktposition- 101
Technologieattraktivität/Ressourcenstärke- 101
Technologiechancen/Marktchancen- 101
Potenzial-Analyse 88, 95, 96
Potenzial/Ressourcen-Analyse 88, 92
Präsentation 18, 88, 108, 109
Preis
  -gestaltung 78
  -informationen 19, 37
  -liste 128, 129
  -listen 13, 25, 36, 167
  -verhalten 83, 119, 177
Preis-/Kostenführerschaft 139
Preis-Leistungs-
  -Diagramm 83, 88, 119
  -Verhältnis 139
Presseveröffentlichungen 41
Problemlösungskonzept 137
Produkt 2, 3, 17, 18, 19, 52, 53, 94, 99, 102, 103, 104, 106, 125, 135, 154, 191
  -angebot 83
  -gruppen 90, 92, 101, 104

-lebenszyklus 98, 102, 123, 154
-management 8, 11, 35, 117, 124, 126, 167, 170, 193
-manager 10, 121, 125, 129
-Misserfolge 3
-modifikationen 143
-planung 78
-politische Aktivitäten 100
-programm 93, 118
Produkte 1, 2, 3, 16, 26, 30, 31, 33, 46, 47, 66, 68, 83, 89, 90, 92, 94, 99, 101, 102, 103, 105, 106, 107, 118, 122, 125, 136, 138, 140, 142, 143, 145, 148, 149, 151, 152, 154
  Konkurrenz- 123
  Technologie- 107
  -Vergleich 83
  Wettbewerbs- 40, 46
Produktion 21, 81, 116, 120, 141, 157, 177
Produktionsstatistiken 49
Projektteam 7, 130
Pull-Prinzip 54, 61, 62
Push-Prinzip 54, 62, 69

Q

Qualitätsführerschaft 139
Question Mark 102

R

Redakteure 43, 48
Reifephase 99
RSS-Feeds 55, 72, 73

S

Schrank-Archivierung 128, 129
Schwächen 20, 23, 24, 25, 43, 46, 78, 83, 86, 87, 88, 92, 93, 94, 95, 96, 97, 101, 105, 109, 115, 116, 117, 118, 119, 120, 121, 123, 129, 137, 147, 150, 158, 165, 166, 173, 175, 176, 177, 178, 179, 180, 181
Segmentierungsprobleme 140
Service
  -anleitungen 36
  -Stärke 82, 118, 178, 180
SGE. *Siehe Geschäftseinheit, strategische*
Signale 31, 32, 34
Situationsbestimmung 149
SlideShare 40, 54, 61, 62
Star 1, 103, 104
Stärken 23, 24, 25, 43, 46, 78, 83, 86, 87, 88, 92, 93, 94, 95, 96, 97, 101, 105, 109, 115, 116, 117, 118, 119, 120, 121, 123, 129, 137, 138, 145, 147, 165, 166, 173, 175, 176, 177, 178, 179, 180, 181
Stärken/Schwächen-
  -Analyse 88, 92, 94, 95, 101, 123
  -Analysen 94, 105
  -Diagramm 165
  -Profil 87, 121
  -Profile 93
  -Profils 93, 94, 105, 109
Strategie 80, 89, 126, 135, 141, 143, 193
  -meetings 24
  -Szenarien 89
Strategien 1, 21, 23, 33, 78, 84, 87, 90, 92, 102, 106, 115, 120, 135, 141, 146, 176

Such-
- -kriterien 27
- -maschinen 42, 54, 62, 71, 167, 187, 189

SWOT-
- -Analyse 97
- -Matching 88

T

Technologie
- -Attraktivität 107
- -führer 139
- -führerschaft 139

Telefax 44
Telefon 44, 46
Tools 17, 107
 PC-gestützte 107
Top-Management 17, 88, 124
Twitter 55, 73, 74, 75

U

Unternehmens-
- -politik 135
- -situation 93
- -strategie 84, 120

USP 13, 103, 162, 164, 181

V

Verantwortungsmatrix 27
Verbände 41, 49
Verdrängungsmärkte 2, 143
Verdrängungswettbewerb 1, 2, 140, 150
Vertrieb 8, 11, 21, 46, 82, 115, 117, 124, 129, 152, 153, 179, 180, 186
Videos 54, 61, 167
Visualisierungstechniken 89

Vor-Ort-Besichtigungen 46

W

Wachstums-
- -phase 99, 103
- -quellen 140
- -strategien 140

Werbestrategie 78

Wettbewerb 2, 3, 18, 19, 21, 24, 29, 37, 47, 49, 53, 78, 87, 92, 93, 94, 103, 107, 135, 138, 142, 143, 144, 147, 151, 152, 154, 155, 193

Wettbewerber 16, 18, 19, 20, 22, 23, 24, 30, 32, 43, 47, 49, 78, 79, 80, 89, 90, 91, 95, 96, 99, 102, 109, 113, 128, 137, 138, 143, 144, 145, 152, 154, 156
 Haupt- 79
- -datenbank 8, 14, 17, 27, 124, 128, 129, 130, 131, 134
- -wissen 35

Wettbewerbs-
- -aktivitäten 21, 90
- -analyse 22, 24, 113
- -daten 16, 22, 24, 89, 124
- -fähigkeit 151
- -forschung 11, 34
- -informationen 3, 13, 17, 30, 31, 34, 47, 125, 126, 169, 170
- -produkte 92, 102
- -stärke 88, 101, 103, 104, 105, 106, 108
- -strategie 113, 143, 193
- -szenarien 146
- -übersicht 91
- -verhältnisse 22, 128

-vorteile 104, 126, 145, 193
Wiederverkäufer 43, 46

Y
YouTube 40, 54, 61, 62

Z
Ziel
  -gruppe 26, 102, 106, 137
  -gruppen 79, 84, 91, 119, 135, 137, 138
  -person 50
Ziele 15, 16, 17, 18, 21, 23, 33, 78, 84, 107, 115, 120, 124, 149, 176
Zuständigkeit 10

Erlesene Weiterbildung®

Dipl.-Ing. Peter Kairies

Professionelles Produktmanagement für die Investitionsgüterindustrie

Praxis und moderne Arbeitstechniken

11., neu bearb. u. erw. Aufl. 2017, 258 S., 104 Abb., zahlr. Checkl., 49,80 €, 62,50 CHF
(Praxiswissen Wirtschaft, 135)
ISBN 978-3-8169-3367-0

Zum Buch:

Wer am Markt wettbewerbsfähig bleiben will, braucht innovative und vor allem erfolgreiche Produkte. Ein gut funktionierendes Produktmanagement ist die treibende Kraft, um aus Markt- und Kundenanforderungen ertragsstarke Produkte zu generieren. Erfolgreiche Unternehmen benötigen ein professionelles Produktmanagement, das weiß, was der Markt heute und morgen verlangt, welche Leistungsdaten gefordert sind, wie viel welche Features kosten dürfen und womit man sich vom Wettbewerb abhebt.

Das vorliegende Buch legt besonderen Wert auf Praxisnähe. Es beschreibt das Selbstverständnis des Produktmanagements, die Praxis, Methoden und Tools. Sie gewinnen einen Überblick über die Erfolgsregeln des Produktmanagements. Konkrete Tipps, Checklisten und Beispiele helfen Ihnen, das Gelernte sofort in die Praxis umzusetzen.

Inhalt:

Warum professionelles Produktmanagement immer wichtiger wird – Auflösen von Innovationsblockaden – Wie Produktmanagement funktioniert – Die Basis für ein erfolgreiches Produktmanagement – Wie Sie innovative Produktideen finden und erfolgreich realisieren – Wie Sie Entwicklungsprojekte optimal begleiten und Time-to-Market verkürzen – Wie Sie die Zusammenarbeit mit Marketing und Vertrieb zielführend gestalten – Wie Sie Produkte erfolgreich in internationale Märkte einführen – Outphasen von Produkten – Controlling-Aufgaben im Produktmanagement – Wie Sie als Produktmanager motiviert bleiben

Die Interessenten:

Produktmanager – Produktmarketing Manager – Business Development Manager – Branchenmanager – Leiter und Mitarbeiter aus Marketing, Vertrieb, Forschung und Entwicklung

Blätterbare Leseprobe
und einfache Bestellung unter:
www.expertverlag.de/3367

Rezensionen:

»Viele Denkanstöße, sehr konkret und gut nachvollziehbar.«   **PROCARE**

»Das Buch ist verständlich und daher nicht nur für Führungskräfte, sondern auch für die betroffenen Mitarbeiter wichtig.«   **ekz-Informationsdienst**

Der Autor:

Peter Kairies gilt als einer der renommiertesten Trainer im Produktmanagement. Er studierte Verfahrenstechnik und Wirtschaftswissenschaften. Langjährige Industriepraxis in leitenden Positionen im Produktmanagement, Marketing und Vertieb. 25 Jahre Erfahrung als Trainer und Berater. Über 26.000 Teilnehmer, davon ca 14.000 Produktmanager haben seine Seminare besucht. Er trainiert und coacht Fach- und Führungskräfte in namhaften Unternehmen in den Bereichen Produktmanagement, Konkurrenzanalyse und Projektmanagement. Zahlreiche Veröffentlichungen. Peter Kairies ist Unternehmensberater und Geschäftsführer von MSC Management Seminar Center GmbH. – www.peterkairies.de

Bestellhotline:
Tel: 07159 / 92 65-0 • Fax: -20
E-Mail: expert@expertverlag.de